赵清遥的作文故事

朱煜 著

海豚出版社
DOLPHIN BOOKS
中国国际传播集团

图书在版编目（CIP）数据

赵清遥的作文故事 / 朱煜著. -- 北京：海豚出版社，2020.6（2022.6 重印）
ISBN 978-7-5110-5168-4

Ⅰ.①赵… Ⅱ.①朱… Ⅲ.①作文课－小学－课外读物 Ⅳ.①G624.243

中国版本图书馆CIP数据核字(2020)第037306号

赵清遥的作文故事

朱 煜 著

出版人：王 磊
责任编辑：慕君黎 郭 澍
美术编辑：吴光前 孙 伟
责任印制：于浩杰 蔡 丽
法律顾问：殷斌律师

出　　版：海豚出版社
地　　址：北京市西城区百万庄大街24号
邮　　编：100037
电　　话：010-68325006（销售）　010-68996147（总编室）
印　　刷：天宇万达印刷有限公司
经　　销：新华书店及网络书店
开　　本：32 开（889毫米×1194毫米）
印　　张：5.75
字　　数：92千
版　　次：2020年6月第1版　2022年6月第7次印刷
标准书号：ISBN 978-7-5110-5168-4
定　　价：29.80元

版权所有，翻印必究；未经许可，不得转载

目 录

序　言 ························ *i*
再版序言 ······················ *iii*

1　新老师和新同学 ················ *1*
2　到处都有材料 ·················· *10*
3　什么最带劲 ···················· *18*
4　开一个好头 ···················· *27*
5　给文章装个尾巴 ················ *35*
6　学学漫画家 ···················· *45*
7　王老师的"绝活" ················ *53*
8　摄影展 ························ *59*
9　可爱的小乌龟 ·················· *68*
10　在公园里 ····················· *73*
11　含羞草 ······················· *78*
12　家长会 ······················· *85*
13　两封信 ······················· *96*
14　难忘的灯展 ··················· *102*

15 学做"小医生"……………………… *110*

16 出奇制胜……………………………… *122*

17 妹妹的故事…………………………… *135*

18 掉了扣子的衬衫……………………… *146*

19 看图作文……………………………… *151*

20 盖一幢漂亮的房子…………………… *157*

后　记…………………………………… *171*

序　言

小朋友们，你们对作文一定不陌生吧。如果我现在说，请不喜欢写作文的同学举手，你们会举手吗？我知道，有些同学一定会把手举得高高的。作文真的很难学吗？不，我要郑重地对每一个想学好作文的孩子说，作文一点儿不难学。

写作文是一种技能，掌握好了就能通过书面形式通顺明白地表达自己的见闻感想，既能更好地和别人交流，又可以为自己留下生活印记，这是多好的事情啊！

但凡是技能，只要愿意学就一定能学会。有兴趣的同学多花些时间，学得好些。没兴趣的同学掌握了必要的内容也就可以了。学习一种技能一定是有方法的。懂得了方法，就能事半功倍。我觉得学习作文最重要的方法就是忘记自己正在学作文。如果你不理解这句话的意思，没关系，请翻过这一页，开始阅读书中的二十个小故事。在了解主人公赵清遥和他的小伙伴们日常学习生活的同时，你或许会联想起自己的生活，甚至还会情不自禁地拿起笔像书中的小朋友一样将生活中的点滴记录下来。如果真能这样，我会佩服你，因为你是个小天才。如果你读完这本书，静静地放下它，然后约上同学去操场打球，我要祝贺你。因为关于作文的一些小秘密已经藏进了你的脑海，你看不见它们，但不知道在什么时候它们就会突然出现在你的笔下。信不信由你。

朱煜
二〇一三年八月一日

再版序言

《赵清遥的作文故事》已面世五年。五年中，蒙读者厚爱，数次加印。今年，出版社要推出新版了。我想借这个机会再与小读者们谈谈作文的话题。不过说话之前，请大家先看下面的作文。

可爱的妞妞

妞妞是一只可爱的棕色小狗。身体小巧，一双水汪汪的大眼睛炯炯有神。整天跳来跳去，活力满满。它有一个爱好——捉猫。

一天，主人带妞妞出门溜达，妞妞跑前跑后，兴奋极了。这时，一个精神焕发、帅气的男老师抱着自己的小黄猫神气地走了过来。妞妞见到猫，一激动，"汪汪汪"连叫三声，接着向那只小黄猫冲过去。小黄猫吓坏了，从男老师的怀里挣脱出来撒腿就跑。妞妞穷追不舍。"布丁，快回来！"男老师喊着。"妞妞，快回来！"妞妞的主人也喊着。可布丁和妞妞根本听不进去。布丁只顾跑，妞妞只顾追。这时，布丁发现五十米远的地方有一只皮靴，于是它用最快的速度奔向那只皮靴,"噌"地蹿了进去,蜷起身子躲起来。妞妞哪里肯放过它。它咬住鞋带用力地又拖又拉。布丁在里面吓得直哆嗦,轻轻地"喵喵"叫。妞妞耳朵尖,听到这声音后,它拖得更凶了。

妞妞的主人感到十分抱歉,对男老师说:"朱老师,对不起,把您家的布丁吓着了。"

"没关系的,徐小卜,狗就是喜欢捉猫嘛!"男老师温和地说。

"可现在妞妞根本不消停,我们得消除它们的矛盾。"妞妞的主人想了想,就跑开了。不一会儿,她拿来一根香肠。剥开包装纸,香肠散发出一阵香味。妞妞闻了这味儿,立即停止了拖拽,跑过来吃香肠。男老师赶快把布丁抱了起来。妞妞吃饱后,徐小卜抱起了妞妞,和男老师说了声再见,就回家了。男老师也抱着布丁离开了。

这是我班一位同学在五年级时根据上面的图,写

出的想象作文。估计你看到一半,就猜出妞妞的主人就是这篇作文的作者,也可能猜出文中那位男老师就是我吧。那么,我家里有没有小黄猫布丁呢?当然有啊!看,下面就是布丁的照片。

现在你是不是在想,天啊!小作者胆子真大,居然把自己的老师写进了故事里。

作为小作者的语文老师,读到这个故事,我很开心。我给她写评语:故事非常有趣。谢谢你写到了布丁。

能大胆地写出自己的见闻感受,非常重要。大胆写,没有羁绊,真情实感就能流露出来。上文的小作者没有顾虑地把我和布丁编进她的故事,写的时候她是愉快的。当我请她把故事念给全班同学听时,她是自豪的。有了这些美妙的情感体验,怎么可能不喜欢写作文呢?

另外,做到"三读"也很重要。

第一是大声朗读。每天选课文、课外书、杂志上自己喜欢的段落，大声流畅地读十分钟，这能帮助你获得良好的语感，那样，你就不会写病句了。在朗读中，你还能自然而然地积累下词句。大概率不会再发生心中有话，却无从说起的情况。

　　第二是读出粗细。阅读中，感兴趣的内容可以用老师教过的阅读方法，比如关注关键词，理解有特殊含义的句子，提取梳理信息等。细细地读，反复地读，还可以把阅读内容和阅读体会分享给家人、同伴。一时读不懂的可以粗粗略过，不太有兴趣的可以用浏览的方式读。粗细有别，就能让自己得到更多的阅读快乐，从而产生持久的阅读兴趣。读得越多，越会读，写起来就会更顺手。

　　第三是读出自己。读书读文章，在了解作者的思想情感的时候，不要忘记思考联想。联想自己有没有相似的经历，联想自己遇到相同的情况会怎样做，联想书中的小知识、小技能能否用在自己的生活中，思考作者这样写为什么就能打动你，思考阅读后得到什么启发，等等。阅读后的诸多联想启发往往就是你动笔写作的动力。

　　我经常说，不会写往往是因为不会读。所以，我在这里不强调写法，而讲读法。

　　小读者，如果你一写作文就觉得很难，那么就用上面提到的"三读法"来读《赵清遥的作文故事》,算是做个小实验。读完之后,说不定你会发现写作文其实不太难。

预祝大家实验成功。

朱煜

二〇二〇年三月十五日

1 新老师和新同学

下课了,赵清遥背着书包走在回家的路上,闷闷不乐地想着心事。

赵清遥是建设小学四年级一班的学生,这个学期刚转来。清遥并不希望转学。在原来的学校里,他有不少好朋友。可现在,面对一个新集体,真不习惯。转学是爸爸的主意。那天,爸爸和妈妈坐在客厅里聊天,清遥正好听到了他们的交谈。

"转眼,清遥就要上四年级了。可我总觉得他现在的学习成绩不理想。"爸爸看着报纸说。报纸上刊登了一篇赞扬一位小学教师关心学生的报道。

"是啊,不说别的,就说作文,他总写不好。"妈妈指了指书架,"各种各样的作文指导书也买了不少了,就是没有用。"

爸爸叠好报纸,看着妈妈说:"主要是没兴趣。他的兴趣全在那

赵清遥

几条金鱼上。"清遥很喜欢饲养小动物。

"那怎么办呢?四年级是很关键的一年呀!"妈妈有些忧虑了。

"还是给他转学吧。其实,我早就有这个想法,听说那个建设小学不错,可就是路稍微远了些,我才一直下不了决心。现在看来是非转不可了。你瞧他现在的语文成绩,唉……"爸爸摇了摇头。

就这样,转学的事定下来了。开始,清遥不愿意,但爸爸妈妈已经决定了,清遥还能说什么呢?

今天是开学的日子。早晨,爸爸领着清遥去新学校。一路上,爸爸详细地给清遥讲着今后上学放学的路线。来到校门口,清遥看了看手表,路上整整用了二十五分钟。从今天开始,每天用在路上的时间起码得五十分钟。清遥暗暗地想。以前上学,五分钟就到了,现在可好……或许是走累了,或许是憋气,清遥的脸涨得通红。

"我说的路线,你都记住了吗?"爸爸拉着清遥问。

"记住了,记住了。"清遥有些不耐烦。

建设小学是一所历史悠久的学校,在市里有很高的知名度。不少家长慕名而来,要把自己的孩子放在这里。

新学校与老学校的不同,清遥也感觉到了,尽管他还是第一次走进这所小学。他发现新学校的同学们都是踩

着地上的白线,排着整齐的队伍进入教学大楼的。上下楼梯,大家都非常自觉地靠在右边。

"的确不错……"清遥听见爸爸小声说了一句。

"啊,大草坪!"清遥的眼睛一亮,情不自禁地叫出声来。一个椭圆形的足球场出现在眼前。球场上的小草绿绿的、密密的,真像一块大地毯。清遥常和同学们在课余时踢足球。可原来的学校里没有足球场,只有一个篮球场,开一个"大脚",球就出界了,一点儿也不过瘾。现在,看着碧绿的草坪,清遥忽然觉得心里舒服些了。

在办公室里,清遥见到了自己的新班主任。看年纪,只有二十多岁,理着一个小平头。个子不高,说话声音不响,一边和爸爸交谈,一边微笑着点头。一会儿,爸爸走了。王老师带着清遥走进了教室。

王老师走到讲台前,看了看同学们,说:"今天我们班来了一位新同学,他叫赵清遥。"大家的目光一下子落到了清遥的身上,清遥不好意思地低下了头。王老师接着说:"请赵清遥同学介绍一下自己。"教室里立刻响起了热烈的掌声。

什么?发言?清遥觉得脑子里"嗡"的一下。说什么呢?爸爸刚才没有讲过到了新班级里还要发言啊!清遥的脸又发热了。他抬头看看同学们,又看了看老师,张了张嘴。同学们的掌声更响了。

"嗯……"清遥开口了,教室里静下来。同学们都好奇地想听听新伙伴会说些什么。

"我叫赵清遥……希望以后能得到大家的帮助……"清遥的嘴闭上了,脸涨得更红了。教室里还是很安静。过了好几秒钟,大家才反应过来,新同学的发言结束了。王老师带头鼓起掌来。

"赵清遥,你就和鲁历一起坐吧。"王老师指了指第二排的那个空座位。清遥在位子上坐定,课就开始了。这一节是语文课,由王老师上。

清遥原来的语文老师是一位老太太。说是"老太太",其实她的年纪也只是五十出头。"老太太"是同学们背地里对她的称呼。因为她的鼻梁上架着眼镜,背还有点驼,说话总是不急不慢。清遥不喜欢上语文课。尽管他不是一个好动的人,可"老太太"一分析起课文来,那时间就过得特别慢,清遥也常常忍不住,要开会儿小差,做会儿小动作。不喜欢上语文课,那作文就更别说了。拿到作文题目,要么是没有材料,然后搜肠刮肚地去想,或者找别人的作文去套;要么是有了材料,却不会开头、结尾,写不好。于是,在清遥看来,写作文是花时间最多,又得不到好成绩的一门功课。慢慢的,他对作文的兴趣就像雨后路面的积水,逐渐消失了。

"请大家把书打开,翻到目录……"王老师在说话。

咦！王老师怎么没有像"老太太"那样先提一通学习要求。清遥边翻书边想着。

"本学期，我们要学习四十篇课文。下面我来给大家逐一介绍一下……"四年级的课文内容比三年级的更丰富些。历史故事、动植物知识、名人事迹、生活小事，都让人挺感兴趣。王老师介绍得也好。历史故事，他能把来龙去脉一一道来，使人听得清清楚楚。动植物知识，他能结合自己的经历绘声绘色地解释，叫人听了豁然开朗。清遥一下子被吸引住了，他从来没听过这样的语文课。一边听，一边悄悄打开后面的内容看着。时间过得真快，忽然下课铃声响了，课文也正好介绍完。王老师合上书本，说："今天的作业是写一篇作文。材料自己定，字数不限，只要写出自己的水平就行。"话音刚落，清遥就犯愁了。什么要求也没有，怎么写？他觉得，刚得到的那点儿高兴好像一下子被风吹得干干净净。扭头看看周围的同学们，奇怪，他们似乎并不认为这项作业很难完成，都若无其事地走出了教室。

清遥的学习成绩一直是既不让人开心又不让人担心的那种。他对功课没有多大的兴趣，不肯多用功。当然，他也不是个调皮捣蛋的孩子。他喜欢看历史方面的书，这显然是受到家庭的影响，他爸爸有不少历史书。他还喜欢各种动植物。凡是家里能养的，他几乎都养过。清遥对感兴趣的东西很花功夫。为了让自己的蚕宝宝吃上新鲜的桑叶,他会在星期天出去跑一天,找桑叶。所以,爸爸妈妈经常说,如果清遥能把饲养小动物的劲头分出一小半放在学习上,那他的成绩就不会是这样了。其实,清遥也很清楚自己的缺点,但"兴趣"这两个字在他身上的作用是很大的。这不,听了王老师的一堂课,"兴趣"就起作用了,他对新学校的陌生感也慢慢消退了。老师布置了一篇作文,他第一次从心里想把它写得好些,想给老师留下好印象。因为清遥已经有些喜欢这位也养过鸟、种过花的新班主任了。但糟糕的是,他觉得自己无从入手。放学了,清遥还是找不出头绪。

"赵清遥……"有人在清遥身后喊。

清遥转过头,原来是新同桌鲁历。鲁历是一个白白胖胖的男孩子。清遥觉得他挺热情的,一下课就跟自己聊这个,聊那个。

"你也往这儿走?"清遥问。

"是的,我住在金园新村,你呢?"鲁历一边喘气一边说。

"这么巧,我也住在金园新村。"清遥有些兴奋,"怪不得我总觉得你有些面熟。"

真没有想到,热情的新同桌居然是自己的"邻居"。

说不定，以后还能成为好朋友呢！清遥暗想。

"你作业做完了吗？"鲁历显得很轻松。开学第一天，就王老师布置了篇作文，他已经写完了。

鲁历

鲁历的话一下子又让清遥想到了那篇不知该怎么写的作文。

"没有……在我原来的学校里，老师布置写作文的话会把题目、要求说得很清楚，可现在……"清遥把头低下了。

"没要求才好写啊……"鲁历笑着。

"什么？没有要求才好写？"清遥很困惑，"那你写了什么啊？"

"我写的是……你……"鲁历看着清遥说。

"什么？我？"清遥很惊讶，不由得停下脚步。

"哎，其实也没什么。走，让你看看。"鲁历拉着他在不远处的石凳上坐下。然后从书包里取出一本崭新的作文本。

清遥接过本子，打开。只见第一页上端端正正地写着一小段话，题目是《新同桌》。他认真地看着，文章

是这样写的:

开学了,老师重新安排了座位。我旁边的郑华被调走了。我的新同桌是一个刚从别的学校转来的男生,他叫赵清遥。他个子不高,瘦瘦的。看上去,他的胆子好像不大,也不太爱说话。老师请他发言,他只说了一句话就完了,脸都涨红了。老师说,对每个刚到我们班里的新伙伴要热情。于是,一到下课,我就主动和赵清遥说说话。一开始,他有些拘谨,光听我说,自己一声不吭。后来就好些了。他还向我提了些问题,我都回答了,看他那样子,好像挺满意。

清遥尽管不喜欢写作文,但写作文的要求还是知道一点的。什么起因、经过、结果,等等。可鲁历的作文里却没有这些东西。

"你这样写,老师会说你吗?"清遥把本子还给鲁历。

"不会,不会。我们一直是这么写的。"鲁历把本子放进书包。

"一直这么写?"清遥感到新鲜。他觉得鲁历的作文有点像报流水账。在原来的学校,这样的作文弄不好会受批评的。

"是的。王老师总对我们说,写作文最重要是真实。

看到什么，听到什么，想到什么，真实地写下来。只要写得通顺就是好作文。"二人站起身，继续向前走。鲁历接着说："我觉得写作文挺容易的。王老师说，一个人，一件小事，一个场景都是写作文的材料。"

清遥听着听着，好像有些明白了。

回到家，妈妈正在厨房做饭，见清遥回来了，忙问："儿子，新学校怎么样？"

"挺好。我的同桌也住在我们小区里。"清遥把书包放下，大口大口地喝着水。

妈妈探出头来，说："是吗？这么巧。今天作业完成了吗？"

"没有，不过我现在就写。"清遥往鱼缸里放了些鱼虫，然后提着书包走进自己的房间。

过了一会儿，妈妈把一盘番茄炒蛋放在桌上。她见清遥还在写，就轻轻走到他身后。只见作文本的第一行上写着一个题目——《我的新班主任》。

2 到处都有材料

这一节是作文课。王老师抱着一叠本子和一个大食盒走进教室。

王老师拿起一个本子:"在上课之前,我要表扬一下赵清遥同学。"清遥有点不知所措。怎么回事?他努力想着自己这几天里做过的事情,实在想不出哪一件值得表扬。

"赵清遥同学刚转到我们班,第一次作文完成得不错。他写的是《我的新班主任》,就是我……"教室里不知道是谁"啊——"了一声,有些同学低下了头,偷偷地笑。王老师倒没介意,说:"虽然还有些句子不通顺,但是写得很真实,继续努力。"

第一次!绝对是第一次!老师表扬了清遥,因为他的作文令人满意。清遥很激动,甚至可以说有些热血沸腾。这怎么可能,可这又确确实实是真的。清遥抬起头看看老师,又情不自禁地低下头。忽然,他发现鲁历正笑嘻嘻地看着自己。那眼神好像在说:"不错嘛!"

接着,王老师先请沈池为大家讲一个亲身经历的小

故事。沈池是班里的学习委员兼文学社社长，大家公认的才女。她大大方方地站在讲台前，绘声绘色地讲起来：

上个星期六，我要去音乐学院参加钢琴二级的考试。爸爸妈妈为了联系方便，让我带上手机。临出门时，我才发现两块电池板里的电都不足，我对爸爸说："我把两块电池板都带上吧。""不用的，就带一块吧。"爸爸着急地说，"快走，要来不及了。"

于是我们一起出了门。

到了考场，爸爸去办事了。妈妈在考场外等我。我独自去考试。考试很顺利。出了考场，我看见很多家长站在学校门口，等自己的孩子。接着，妈妈带我去商店买鞋。临近中午，收银员们轮流吃饭，人手不够，结账很慢。好不容易轮到我们了，突然我听见手机在响。赶紧掏出来看，屏幕上显示出爸爸的电话号码。我连忙按下接听键，刚说了"喂"，电话就挂断了——真的没电了。

妈妈说："之前爸爸一定打了好几个电话，商场里太吵，你没有听到，把电用完了。"

"爸爸联系不到我们会着急的，妈妈你快打电话给他。"

"早上出来太急，我忘记带手机了。"妈妈无奈地说。

"啊？那怎么办？"

"找一个公用电话吧。"妈妈一边张望一边说。

我们出了商场,走进一个小店。柜台上有一部电话机。妈妈上前询问:"能借一下电话吗?"

"不行。"营业员拒绝了我们。

我们又去了肯德基和麦当劳,都没有找到公用电话。最气人的是,我们看到了不少电话亭,可是都要用IC卡才能打。最后,我们总算在一个书报亭里打成了电话,结束了这场"电话危机"。还好,书报亭里的叔叔没有乘人之危。我们打完电话给他一元钱,刚想走,他叫住我们,说:"只要五角。"

后来,见到爸爸,我说:"还是我有先见之明吧。这就是'不听小孩言,吃亏在眼前。'"听了这话,爸爸妈妈都笑了。

故事讲完了,同学们听到最后一句话都笑起来。因为沈池把"不听老人言"改成了"不听小孩言"。

王老师问大家:"大家觉得沈池的故事有意思吗?"

"有意思啊!"大家异口同声。

"那么现在就请大家帮沈池出出主意,在这个故事里,有哪些材料可以写成作文?"王老师又问。

鲁历在座位上说:"把沈池讲的这个故事都写下来,不就是一篇作文吗?"大家听了,又笑。

清遥举手说:"我觉得找电话的过程可以写成

作文。"

寇佳艺说:"我觉得单是钢琴考试就可以写成作文啊。"

"这是因为你也在学钢琴的缘故吧。所以比较有感触。"王老师插话道。

陈芳说:"如果是我,我就把拒绝沈池的营业员和书报亭里的叔叔对照写。"

同学们你一言我一语说得热闹。王老师问沈池:"沈池,让你自己选,你会选什么材料?"

沈池想了想,回答:"我的想法和鲁历一样。"

"耶——"鲁历高兴地欢呼起来。

"同学们,刚才大家的意见都很好。"王老师继续说,"我常讲,作文材料就在生活中,关键就看你能不能去发现。不同的人面对同一件事情,会有不同的想法、见解。在选择作文材料时,尽量选自己印象深、感受多的,这样的材料才能让你写得好,写出你的独到之处。"

今天的晚饭,清遥多吃了一碗。一放下筷子,他就从书包里取出作文本递给爸爸。爸爸一会儿就把那二百来字看完了。说实话,他觉得这篇习作和清遥以前的作文区别不大,只是在描写老师外貌时写得挺生动的。看来老师的表扬多半是出于对清遥的鼓励。看着儿子那期待的神情,爸爸笑着说:"不错,有进步。"

"爸爸,今天王老师的作文课有趣极了。"

"怎么?"爸爸好奇地问。

"他带了很多小点心到教室里来。小笼包、锅贴、馄饨、面饼、糕团……满满地放了一讲台。我们都兴奋极了,伸长脖子看。"

爸爸笑起来:"一群小馋猫。"

"王老师说,今天他请我们吃点心。不过,吃完了要说说感受,最好还要简单介绍一下点心的外形和颜色。大家一听,争先恐后地举手,因为这太容易了。再说,正好肚子也饿了。

"鲁历第一个上去。你知道,他是个小胖子,最贪吃。他拿起筷子,夹了一只小笼包就塞进嘴里。皮一破,小笼包里的汤汁一下子溅出来,第一排的女同学都吓得叫起来,赶紧躲开。鲁历一边吃一边说,好烫好烫。那样子惹得我们哄堂大笑。吃完后,他结结巴巴地说:'我吃了一个小笼包。吃的时候太心急了,包子里的汤汁都溅出来,把嘴也烫着了。不过小笼包的味道真是好极了,否则我不会那样心急。'

"第二个上去的是沈池。她不像鲁历那样着急。她选了一个面饼,说,面饼是圆的,黄中带焦。饼上有许多芝麻。闻一闻很香。说完,她就咬了一小口。咽下去后,接着说,饼很有嚼劲。"

"到底是女孩子,很细心。"爸爸说,"你上去吃了吗?"

"没有。老师没叫到我。老师等我们品尝得差不多了,就说,今天的作业就是写一种自己喜欢的点心。他问我们,能不能找到材料。我们都说能。因为实在不行,就选课堂里的一种点心也可以啊!"

"日常生活中有不少值得写的素材。王老师是在教你们找写作材料啊。你打算写什么啊?"

"我本来打算写小笼包子,可是交流的时候很多同学都想写它。有的说可以写外形和吃法,有的说要写出小笼包怎么做的,有的说要介绍有关的民间传说,还有的说要介绍一件与小笼包有关的事情。我一听,就决定不写它了,和大家写得一样有什么意思啊。"

"那你打算写什么啊?"

清遥笑嘻嘻地说:"我打算写虾饺。大家都没有提到它。"

爸爸说:"好啊!你不是在好几个地方吃过虾饺嘛,你就把它们的相同点和不同点写出来。那样肯定和别人不一样。"

"谢谢爸爸……"

清遥写得很快。一边写一边回想吃虾饺的情形，口水都好像要流出来了。

美味虾饺

在点心中，我最喜欢虾饺。

记得第一次吃虾饺是在避风塘。那次，去避风塘吃饭，上来了四个小小的，像饺子似的东西。我奇怪地问妈妈："妈妈，这是什么呀？""这是虾饺，很好吃的。你尝尝看。"妈妈夹了一个，放进我的碗里。平时，我很讨厌吃虾，觉得虾有腥气，所以迟迟不肯动口。妈妈似乎看出了我的心思，对我说："吃吃看吧，不好吃就吐出来。"我看着碗里的那个虾饺，它晶莹剔透，外面的皮很薄，有一点发白，但能清晰地看到里面粉红色的虾肉。闻一闻，啊，一点腥气也没有。于是，我大着胆子咬了一口，一点吃不出虾的腥味，只有鲜美。那虾可不是碎的，而是一整只的大虾，还微微有点弹性呢！里面有一些笋丁，就连皮也很好吃呢！我又夹了一个虾饺吃起来。妈妈见了，笑起来："我说得没错吧？"

后来，我又在致真酒家吃了虾饺皇。那滋味，和避风塘相比，有过之而无不及。虾饺没有粘在蒸笼上，皮是那样糯。虾更鲜，更有弹性。里面的

小丁也更多,更好吃。闻着很香,看起来更加漂亮,像水晶一样。因为当时还有其他客人,否则爸爸妈妈看到我那么爱吃,一定会把所有虾饺都给我吃的。

我在好几个地方吃过、买过虾饺,虽说味道不错,但和前两个地方相比,就逊色多了。

不管哪个档次的虾饺,我都爱吃。

3　什么最带劲

清晨,一缕缕阳光透过玻璃窗洒在床上。清遥还睡着,被子裹得紧紧的。今天是星期六,辛苦了一个星期,美美地睡个懒觉,绝对是享受。

"叮铃铃……"电话突然响了。清遥猛地睁开眼睛,脑海里只有三个字——几点了?"叮铃铃……"电话继续响着。今天不是星期六吗?清遥一下子反应过来,真是虚惊一场。他从被窝里伸出一只手,摸索着拿起电话,眼睛缓缓地闭上了:"喂,请……"

"我是鲁历!"不等清遥说完,电话里已经传出了一个熟悉的声音。

"哎……是你啊!怎么这么早就打电话……"清遥闭着眼睛说,声音越来越轻,好像随时都可能睡着似的。

"喂……"鲁历大喊了一声,把清遥吓了一跳,"都什么时候了,你还在睡觉!"

清遥重新睁开眼睛,望了望窗外,一群鸽子正在天空中飞翔。"几点了?"

"什么?几点了?都七点四十五分了。"鲁历好像有

什么急事，大声地说。

"你能不能说得轻一点，我的耳朵都快被震聋了。"

"怎么？你全忘了？我们不是约好今天到少年宫去吗？"

清遥这才想起昨天的事。昨天放学，鲁历问清遥星期六打算怎么过。清遥说，就在家里做作业、看电视。鲁历听了，就提议去少年宫玩。因为少年宫刚刚扩建好，听说增设了许多活动项目。可是清遥不太感兴趣，因为少年宫离家挺远。于是，一路上，鲁历找出各种理由来说服清遥。他先说去少年宫玩多么多么有趣，既可以锻炼自己的能力又可以认识新伙伴。然后又说在家看电视对视力有多少多少的危害。最后还要详细地给清遥介绍一条最便捷的去少年宫的路线。说"还要"，是因为当他说到电视和视力的关系时，清遥已经"屈服"了。鲁历本打算还要说下去，可清遥急着回家看自己的小乌龟，他这才闭上了嘴。

"这样吧，我现在就到你家来……"鲁历的急脾气又上来了。

"现在？我现在还躺在床上呢！"清遥急忙阻止。可电话已经挂断了，从听筒里传出"嘟——"的响声。

清遥有些内向，可鲁历绝对是个外向型的人。他一来，家里就热闹起来了。清遥的爸爸妈妈都很喜欢这个性急的小胖子，觉得他直爽、热心。他们常对清遥说，交朋友就要交鲁历这样的。

清遥起了床，把窗户打开，微风把窗帘吹得晃动起来，房间里亮堂堂的。清遥深深地吸了一口气，空气很清新，还有一股树叶的特殊气味，挺好闻。一阵阵脆生生的鸟鸣传过来。清遥探出头，向楼下望去。对面小花园里已经坐了不少老人，水泥栏杆上挂了许多鸟笼子，鸟儿们正在比试着歌喉。天空瓦蓝瓦蓝的。

记得上次来少年宫玩还是在一年前呢。现在可真是大变样了。原先的大铁门换成了灵便的活动门，门柱顶上安装了火炬形的红灯。走进大门是一条笔直的水泥道，两边绿树成荫，鲜花怒放，一阵阵花香扑鼻而来。水泥道的尽头有一堵厚厚的墙，墙上有几个大字：儿童是祖国的未来。再往里走，三幢漂亮的楼房就出现在眼前了。各种活动室全在这里，鲁历领着清遥一层层楼地看着。

来少年宫玩的同学真多。有的在猜谜语，有的在下棋，有的在做小模型，还有的在玩游戏机。在游戏机房，鲁历说他走不动了，需要休息一会儿，休息的方式当然就是打会儿游戏。鲁历非常喜欢这玩意儿。瞧！他坐在驾驶室里，两眼紧紧盯着屏幕，手里的方向盘忽左

忽右地转动着，每开过一个关卡，就会情不自禁地为自己喝彩。清遥选了投篮游戏。投进一球，游戏机里就传出一声"好棒"。如果投不进，它就会说"加油"。刚开始，还有些意思，可时间一长，就感到乏味了。尤其是第四轮，清遥觉得自己投中了很多，但结束时，游戏机却只吐出一张奖券，实在扫兴。清遥走到鲁历身边，这位勇敢的"赛车手"还在不断克服一个个困难继续向前呢！

"我到小河边看看。"清遥对鲁历说。鲁历头也没回，挥了挥手。

小河是新开挖的，河水很清，时不时地泛起涟漪。河边这儿一个、那儿一个地坐着或蹲着好些同学。清遥好奇地走过去。

"你是在钓鱼吗？"清遥见大家手里都拿着钓竿，就问。

"是啊！如果你想试试的话，可以到那里去借钓鱼竿。"那位同学手往后一指，眼睛仍看着平静的水面。

清遥一下子来了精神，他以前曾和爸爸去乡下钓过鱼，知道钓鱼的方法。

清遥借来了渔具，选好地方，下了鱼饵，静静地等着。过了好一会儿，动静全无。再看看其他同学，收获也不大。一些同学在收拾东西，准备离开。钓鱼是件花时间的事，没有耐心不行。清遥还是坐着，因为他觉得自己会成功。上次在乡下，他就钓到好几条鲫鱼。

果然,功夫不负有心人。鱼线动了,清遥的眼睛立刻睁得大大的。只见浮子一沉一浮,突然,猛地沉下去了。上钩了!清遥心里暗叫。他迅速一提钓竿,一只黑乎乎的东西蹿出水面。仔细一看,唉,根本不是什么鱼,而是一只大龙虾。这贪吃的家伙死死夹住鱼饵不肯放呢。清遥本来有些失望,可一见周围同学向自己投来羡慕的眼神,不禁又有点得意。他低头向河岸下看了看,那里长了不少水草。听爸爸说,龙虾喜欢生活在这样的环境里。龙虾可比鱼好钓多了,干脆今天就钓龙虾吧。想到这里,清遥索性把鱼钩甩到岸边浅水里。过了不多久,鱼线又动了。清遥利索地提起钓竿。

"瞧,又是一只……"

"他真行,一会儿工夫就钓了两只龙虾了。"

"看,这龙虾多有意思……"

同学们议论纷纷。

时间过得真快,一个小时过去了。忽然,清遥听见有人在叫自己。扭头一看,鲁历正跑过来。

"哟,是龙虾啊!"鲁历蹲在地上,用手拨弄着水盆里的龙虾。它们大都呈青褐色,鲁历的手刚碰到其中一只,龙虾就弯起身子向后一弹。不小心碰到了同伴,便引起连锁反应。于是,水盆里一阵热闹。

"你怎么不钓鱼?这些龙虾带回去可以烧成香辣小龙

虾了。"

"本来打算钓鱼的，可没想到第一个咬钩的是只龙虾，就开始钓它们了。"清遥笑着说。

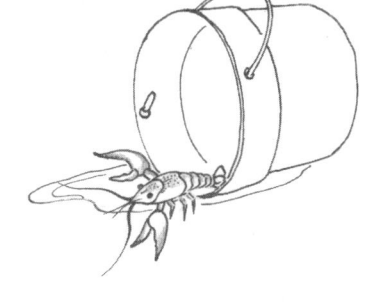

"这倒是和那两句古诗说的一样了。那两句诗怎么说来着……"鲁历想了想，"噢！是'有心栽花花不开，无心插柳柳成荫。'"

"哈哈哈哈……"

回到家，清遥很快就把日记写好了，并喜滋滋地给爸爸看。

"今天写得很快嘛！"爸爸放下手里的书，打开本子。爸爸是位工程师，业余时间喜欢读小说。

清遥一直在注意爸爸的表情。日记里写了今天到少年宫玩的事情。清遥觉得自己写得不错，所以很希望听到爸爸的表扬。

"嗯，有进步！"爸爸点头微笑。自从转学之后，清遥的作文成绩有了提高。原先是怕写、不愿意写，现在已经能独立写、写清楚了。

"不过……好分数怕还得不到……"爸爸补充了一句。

清遥刚高兴不到一分钟,"一盆冷水"当头浇下,急忙说:"有什么不好的地方啊?"

清遥觉得自己写这篇日记时,很顺畅,肚子里的话汩汩地直往外涌。这种畅快的感觉还是第一次体会到呢!在这种状态下写出来的作文会有什么不好的地方呢?清遥不明白。

"你先说说在日记里你写了哪些内容?"爸爸把本子递给清遥。

清遥边看边说:"我写了早晨鲁历来电话叫醒我,写了我们坐什么车到少年宫的,最后写了在少年宫玩的经过。"

"一共有三个内容。"爸爸伸出三根手指,"你数数每部分你各写了几行?"

"早晨这部分我写了四行,乘车部分写了两行,玩的经过写了……一、二、三……六行。"清遥不解地数着。

"好,把日记题目读给我听听。"

"《玩得真高兴》。"清遥还是不明白爸爸的葫芦里到底卖的是什么药。

"今天什么活动让你最高兴,最带劲?"爸爸笑了。

"当然是钓龙虾啦!"清遥不假思索地回答。

"那你再数数,钓龙虾的经过你写了几行?"

清遥又低头仔细地数着:"是三行……"刚说完,他

便隐隐感觉到了什么。

"这篇日记的题目是《玩得真高兴》,那么'最高兴'的内容就应该是文章里最具体最多的部分。这样,别人看了,就能立刻知道你主要想写什么。可现在,钓龙虾——也就是最带劲的部分你只写了三行。甚至比开头——'被鲁历叫醒'还少了一行,这就不合适了。"

"哦……"清遥恍然大悟,"我写的时候只想着把整个过程完整地写下来。那怎么修改呢?"

"很容易,你把鲁历叫醒你以及乘车这些与'真高兴'关系不大的内容都删去,具体写钓龙虾。开头和结尾简单地介绍一下大致情况就可以了。"

"那不是要重写了吗?"清遥有些不愿意。

"如果你不想浪费这个好材料,就一定要这么做。"爸爸肯定地说。

王老师又表扬了赵清遥。

日记被宣读,分数被公布——八十五分。同学们的目光中满是羡慕。要知道,王老师是个很"小气"的人,平时给你打个八十分就算不错了。

"赵清遥同学的日记最大的优点就是重点突出。一开始,他简单地介绍了去少年宫的时间、和谁一起去,结尾处写出了自己钓龙虾的感受,中间则具体写了钓龙虾的经过。因为这件事情是真实的,所以文章生动自然。钓龙虾时的心情、动作以及周围的环境都介绍得很具体。

"昨天有一个同学问我,什么才是有意义的事,其实,赵清遥就写了一件有意义的事。有意义不是单指做好事、懂道理。只要别人读了文章有启发,有感触,就说明这是有意义的,值得写下来。这样的材料在生活中有许多,把它找出来,确定一个中心。再围绕中心,把材料写具体,一篇好文章就出现了。就像赵清遥同学这样……"

听着老师的分析,清遥觉得很带劲,和把龙虾提出水面时的感觉一模一样。

4　开一个好头

一放学，鲁历和赵清遥就急匆匆地跑出了校门。

最近，电视里每天播一集《男生贾里》，同学们几乎都被这部连续剧吸引住了。鲁历特别喜欢剧中"鲁智胜"这个人物。理由很简单。第一，他们都姓鲁，五百年前是一家。第二，他们长得有点像。所以一有空，他就对着清遥"鲁智胜长""鲁智胜短"地说个没完。赵清遥对"鲁智胜"不怎么有兴趣。每当听到这个名字，他就觉得好笑。叫什么名字不行，偏偏叫什么"鲁智胜"。叫得不清楚，听得不仔细的话，肯定会误以为是"鲁智深"，那可是《水浒传》里的胖和尚啊。

昨天，郑华带来一本《男生贾里新传》。这无疑立刻给班级里的"贾里热"添上了一堆柴火。同学们围住郑华，有的问哪里买的，有的要借去看看，还有的要和他讨论书里的内容与电视剧里的情节是否一样。郑华被弄得晕头转向，一边擦脑门上的汗，一边连忙把新华书店的地址说给大家听。有的同学没有听清楚，还要反复问几遍。郑华真恨不得自己多生几张嘴才好。

鲁历昨天没带钱,今天只能羡慕地看着同学们手里的书。上最后一节自修课时,鲁历用最快的时间做完作业。离下课还有十分钟,他已经把书包整理好了,还对赵清遥说:"一放学,我就要直奔新华书店,去买《男生贾里新传》。昨天没带钱,今天不能再晚了。和我一起去吧。"

赵清遥想了想,反正今天放学早,去就去吧。"好吧!"他答应了。

"那你还不快点!"鲁历又急了。

每次走进新华书店,赵清遥总能闻到一股淡淡的香气。听爸爸说,这是新书特有的油墨香。后来,他又说这就是知识的气味。知识还有气味,真新鲜,清遥不明白。爸爸说,等清遥长大后自然会懂的。

鲁历已经在书架前仔细地寻找起来。原先,他打算买《男生贾里新传》,可现在他却发现,除了《新传》,还有《全传》。两本全买吧,钱不够。买一本吧,一时又拿不定主意。他把两本书都取下来,站在那里翻看比较。

清遥也在书架前随便走着,随便看着。他发现前面的桌上放着几叠《儿童时代》,便走过去,随手取了一本看起来。清遥对《儿童时代》印象很深,因为爸

爸经常说自己小时候就很喜欢这本杂志。以前，爸爸也给清遥买过一些。

清遥手捧杂志，翻到第二页。只见这一页的上边和右下角有两幅插图。一幅画着一只张大嘴巴的狼，另一幅画着一个小男孩，身后还有一头小毛驴，看小男孩的打扮，是个农村孩子。这是一篇小说，题目是《九狍岭夜话》。清遥的目光落到小说的第一小节上。

我放你走，放你一个人走。狼用一对发绿的眼睛对黑脸男孩说。

这是怎么回事？看来那个牵毛驴的小孩遇到危险了。清遥暗想，他继续往下看。

狼这时距离黑脸男孩和他的小瘦驴只有七八步远。狼将一根秃芦穗似的尾巴垫到屁股下面，坐下，一对绿眼睛死盯着黑脸男孩和瘦驴。狼的眼睛分明在对男孩说，你走，但把你的驴留下。

好残忍的家伙。清遥看得紧张起来。

荒野寂静，山风将四野的黑暗与恐惧全部兜到黑脸男孩和他的小瘦驴面前。男孩知道这是一只饥肠辘辘的狼。狼盯梢他和小瘦驴很久了,现在狼再也沉不住气了。

狼要吃东西,狼的肚皮凹陷得像坑。显然,狼要吃小瘦驴。

"啪!"有人拍了清遥一下。

清遥吓得一哆嗦。扭头一看,原来是鲁历,他手里拿着本《男生贾里新传》。

"你吓了我一大跳。"清遥没好气地说。

鲁历伸过头来,看着小说题目:"你在看什么?这么入神……《九狍岭夜话》……里面写什么?"

"我也刚看了一个开头。里面讲一只狼要吃一头驴子。"

"吃掉了?"鲁历问。

清遥低下头,边看边说:"不知道。我正看到紧张的地方,就被你打断了。"

"既然喜欢,就买下来带回家看啊。"鲁历建议道。

清遥觉得有理,答应了。

回到家,清遥放下书包就津津有味地继续看起来。爸爸轻轻走过去,伸头看了看:"你在看什么啊?"

"一部小说……"清遥连头也没抬。

"这是《儿童时代》吧?"爸爸问。

"嗯。"清遥还是没抬头。

爸爸见他看得那么专心,就不再说话。爸爸很高兴。

一会儿,清遥就把小说看完了。他走进厨房,拿了一只橘子,剥着。

"怎么,看完了?"爸爸问。

"嗯。"清遥答应着,掰了一片橘瓣递给爸爸。

爸爸接过来,放进嘴里,边嚼边说:"小说写了什么?让你这么着迷?"

"里面写了一个小男孩牵着一头小毛驴在路上遇到了一只狼。他说给别人听,山里有狼,可没有人相信。小男孩就和一个收山货的人打赌,要用狼换头猪……"

"后来呢?"爸爸也觉得很有意思。

"后来小男孩又遇到了那只狼。狼想吃他,小男孩只好爬到树上。谁知树枝断了,小男孩摔下来正好砸在狼的背上。狼的腰骨脱了臼,不能动弹,就被小男孩抓住了。"

"那么,猪换成了吗?"

"当然换成了啊。"清遥把最后一片橘瓣放进嘴里。

"今天怎么想到买《儿童时代》来看啊?"爸爸有点好奇,打开那本杂志,看了起来。

清遥在爸爸身边坐下,说:"我陪鲁历去书店买书,看见有《儿童时代》就随便翻翻。谁知看了一个开头就被吸引住了,所以就买了。"

"是这样啊……"爸爸停了停说,"你知道自己为什么会被吸引住吗?"

清遥听了爸爸的问题,想了想,说:"因为开头写得很紧张,我很想知道后来小男孩是不是真的被狼吃掉了。"

"其实,这篇小说用了插叙的方法。一上来,就写了第二次遇到狼。中间写小男孩第一次遇到狼,和别人打赌的事。结尾再顺着开头写小男孩把狼抓住了。作者在开头设计了一个悬念,这样就吸引了读者。"

"悬念?什么是悬念?"清遥有些不解。

"悬念就是疑问,想知道结果,你就会读下去。"爸爸回答。

清遥点点头:"是这样……"

正说着,爸爸放下杂志,拿出前几天清遥写的一篇关于养花的作文,不失时机地说:"我觉得你的这篇作文的开头就不太理想。"

"是吗……可养花的事一点儿都不紧张,怎么设计悬念呢?"清遥为难地说。

爸爸哈哈笑起来,摸着清遥的头说:"文章开头的方式很多,设计悬念只是其中一种。选哪一种方式开头,得根据文章的内容来定。比如这篇小说,情节很紧张,用设计悬念开头就很好。"

"那么另外还有哪些呢?"

"最常用的方式是开门见山,直接点出你想写什么。第二种是运用景色描写来开头,这样就可以含蓄地交代时间、地点,渲染环境、气氛。第三种是用感受开头,抒发自己的情感,点明中心。除了这些,你还可以引用名人名言开头,用人物语言开头,等等。"

"有这么多啊!"

"是啊!你这篇作文我看可以从'开门见山式'和'景色描写式'中选一种来开头。用'开门见山式',你就直接写自己喜欢养花,但也遇到过困难。"

"那就要把第一节都删掉了?"第一节里,清遥写了很多养花的益处,自己觉得挺满意,要删去,好像有点不舍得。

"对,全去掉。第一节是全文很重要的部分。如果写得不好,别人就不愿意看下去了。你要写一件关于养花的事,可一上来,你却问别人是否看过花展、花有什么用。这些内容与后面的文章联系不大,让人读了,觉得你在兜圈子。所以干脆都去掉。"

"如果用'景色描写式'开头,你可以先描写一下阳台上的那些花,写它们的颜色、形状、气味。然后再写具体的事例。要注意的是,不要写得太多,因为这仅仅是个开头。"

清遥听着听着，突然问："爸爸，您怎么像我们老师一样，懂这么多作文方面的事？"

爸爸得意地说："我也是刚从书上'批发'来的。哈哈……"

这时，妈妈端着一盘刚出笼的包子走了过来，招呼爷儿俩："来，尝尝我的手艺。"

"好，肚子还真有点饿了。"爸爸站起来，"先垫垫肚子，然后再改吧。"

清遥拿着包子已经咬了两口了，可还没见到馅儿，就问："妈，这是什么馅儿的？"

"是肉的。"妈妈说，"怎么啦？"

"这包子皮儿怎么这么厚啊？"清遥说。

"你妈妈和你犯了一样的错误。"爸爸笑了。

"什么？"清遥问。

爸爸咬了一口包子，说："没有'开门见山'啊！"

"什么'开门见山'啊？"妈妈迷惑不解。

"哈哈……哈哈……"清遥也笑了起来。

5　给文章装个尾巴

中午,阳光直直地洒在地面上。灰白的水泥地变得亮亮的。空气暖烘烘的。草坪嫩绿,踩上去软软的,像一块大地毯。校园里到处是说话声、嬉笑声,热闹得很。

"该我了!该我了!"

"你怎么那么慢!快点投!"

教室里闹哄哄的,下棋的、打牌的、聊天的,样样都有。赵清遥吃完午饭,从食堂走回教室。见鲁历正和几个同学在打牌,就走过去,拍拍他,问:"今天怎么都在教室里玩了?"

王老师说过,中午,教室里应该安静些,或是做作业,或是休息。要活动,可以去活动室。

"反正今天王老师不在,我们也懒得去活动室……你看我的牌多好……"鲁历一边说一边出了一张黑桃10。活动室在对面那幢教学楼里,去晚了常找不到座位。

这时,沈池拿着几张文稿纸走到讲台前。看着同学们,大声喊起来:"静一静,静一静!"

听见喊声,大家都转过脸来。

"今天,王老师外出开会。他留了一样作业。"说着,沈池把四张文稿纸贴在磁性黑板上。

她继续说:"文稿纸上是四篇不同的作文,但都没有结尾。请大家从中任意选一篇,然后抽空抄在本子上,回家后把结尾补写上去。"

话音刚落,有的同学已经拿着本子和笔走到黑板前去了。清遥本打算去抄,可一见讲台前早没了空地方,便打消了念头。心想着先去看看,选好了,等会儿再抄也一样。

第一篇:

一件趣事

每当我向同学们说起我小时候用火烤气球的事,同学们总是哈哈大笑。

那件事发生在夏天,妈妈送给我一个大红气球,上面画着孙悟空腾云驾雾的图案。只要你把它轻轻向空中一扔,它就会轻飘飘地飞到半空,然后落下来,十分有趣。我总在小朋友面前炫耀。一天,刚下过大雨,我家院子里积起了很多小水潭。雨停了,我就跑到院子里玩气球。气球在半空中打着旋,我一边追逐一边喊:"真好玩!真好玩!"忽然气球落在小水潭里。我连忙跑过去,捡起来一看,真倒霉,气球上沾了一大片泥水。怎

么办呢？我灵机一动，想起上次我把手绢弄湿，妈妈拿手绢到火炉旁烤干的事。我也可以去烤一烤啊。于是，我找来纸，把纸点燃，然后赶紧把气球靠近火。突然，"啪"的一声，气球爆炸了。我吓了一大跳，猛地跳起来，美丽的红气球瞬间变成了碎片。等我醒悟过来，眼泪一下子流了下来。

……

第二篇：

别开生面的自然课

"叮铃铃……"上课铃响了。我们的教室里却非常热闹。原来我们正在举行自然知识擂台赛呢！

我作为自然课代表，是这场擂台赛的擂主。自然老师是裁判。比赛规定：所有同学都有权向擂主提问。提问的范围是自然课上学到的知识。如果擂主答不上来，将由提问者自己回答，然后上台当擂主。

比赛开始了，我怀着紧张而又激动的心情上了擂台。同学们立刻把手举得老高，争先恐后地抢着向我提问。

"植物传播种子的方法有哪些？"

"靠风、水、动物传播或自己直接向外弹出种子。"我不假思索地回答。

"蜜蜂的巢是用什么造的?"同学们继续发问。

"蜂蜡。"

"昆虫有哪些共同的特点?"

"全身分头、胸、腹三部分,头上有一对触角,胸部有三对足,两对翅膀。"我对答如流。

"哗……"台下爆发出一阵热烈的掌声。经过一阵唇枪舌剑,举手向我挑战的人渐渐少了。正当我得意之际,台下突然举起了一只手。我一看,是张伟。嗯!他也要向我挑战,我倒要看看他会提出什么问题来。他好像很自信,笑着说:"蚊子有复眼吗?""这……有。不,不!没有!哦,应该有的。"我心慌意乱,急得团团转。没有想到,我竟被这小小的蚊子难倒了。这可怎么办?最后我心一横,说:"蚊子没有复眼。"张伟一听到"没有"两字,高兴地跳起来。我意识到自己答错了,只好把擂主的位子拱手让给张伟。

接着,大家又开始向新的擂主发动"进攻"。台上台下不断爆发出笑声、叹惜声、掌声、喝彩声。

……

第三篇：

试飞

星期天下午，微风习习，阳光明媚。趁着这样的好天气，我带着邻居家的小弟弟，拿着刚做好的飞机模型去试飞。

来到空旷的水泥操场上，我用橡皮筋套在"飞机"上试着弹了一弹。小弟弟天真地问："能行吗？"

"没问题。"我自信地回答。

开始试飞了。我用右手拉长橡皮筋，再猛地一松，"飞机""唰"地直冲天空。我目不转睛地盯着"飞机"徐徐上升。站在一旁的小弟弟双脚蹦跳着，不停拍着小手，兴奋地直喊："哦！起飞啦！起飞啦！"

正当我们高兴的时候，突然"飞机"左右摇晃，机头朝下，翻了个筋斗，笔直冲下来。没等我明白是怎么回事情，"飞机"头已经栽地，机翼都摔歪了。非常扫兴。小弟弟问我："哥哥，是怎么回事啊？"我也不知道原因。

我拿着摔坏的"飞机"，左看右看，好一会儿，才明白其中的奥秘。原来是机头太重了，头尾失去了平衡。于是，我回家用小刀把机头削去一点，再把机翼修好，又回到了操场上。

这一回，我信心更足了，检查也更细心了。我先把橡皮筋扯了一扯,又反复检查了"飞机"的各个部件,确信没有问题之后,就把橡皮筋挂在"飞机"弹射处。然后用力一拉,再一松,"嗖"——这回"飞机"迅速飞上了蔚蓝的天空。它在空中盘旋了一会儿,俯冲下来。忽然又向上飞。我高兴极了。看看旁边的小弟弟,只见他仰着头,张着嘴,呆呆地望着"飞机"傻笑呢!

……

第四篇:

那儿人真多

星期六,上完戏剧班,得知下午还要排戏,我不禁发愁了:上哪儿去吃中饭呢?就在这时,好友曹静问我:"田田,中午要不要和我一块儿去吃面?""好啊!"我求之不得地回答,"我正好也这样想呢!"

整理好东西,我和曹静来到马路对面的小面馆。一进面馆,我就闻到一股面条的香味,不禁流下了口水。"田田,你愣着干吗呢!"曹静在叫我了,"快点抢位子呀!"我赶紧回过神来,这才发现面馆里的人好多:他们有的在吃面,有的在喝酒,还有人居然吃完了还不走,坐在那儿吃零食聊天。面馆里的服务员忙得像热锅上的蚂蚁——团团转,恨不得两只脚也能端面。一些顾客饿急了,不断地催面馆老板快一点儿,老板催服务员

快一点儿，服务员催厨师快一点儿，厨师巴不得催时间慢一点儿。

过了好长时间才找到了座位，我俩坐下来，叫了半天"阿姨"才有人响应。我要了碗辣肉面，曹静要了碗榨菜面。那服务员态度很好，还微笑着说："马上就来。"不料，等了将近二十分钟，还不见面的影子，眼看着别人的面都上来了，我的肚子也开始"咕咕"乱叫起来。再加上周围的拥挤、吵闹，更让我心烦意乱。曹静叫我别急，自己却也在咽口水。终于，我们的面上来了，我俩狼吞虎咽，那吃相简直叫人害怕。

津津有味地吃完了面，我抬起头，吓了一跳，好几个人正盯着我们的座位，有人已经把我们"包围"了。我不愿在这里久留，叫上曹静起身就走。我俩刚起身，立刻被人群挤到了一边："这个位子是我的！""是我的！""是我先占到的！"……我苦笑一声，看看拥挤的人群，费了好大劲儿，总算挤了出去，还被人踩了几脚。
……

过了两天，午会课前，王老师把上次那四篇文章又贴在黑板上，并让大家去看。只见那四张文稿纸的下面各自贴了一张小纸条，小纸条上写着文章的结尾。

第一篇：

直到现在，每当想到这件事，我还是忍俊不禁。

第二篇：

在下课铃声的催促下，同学们只好放下了高高举着的手。大家不由得从心底里赞叹：这真是一堂别开生面的自然课！

第三篇：

是啊，试飞成功了，谁会不高兴呢？你看，我亲手做的"飞机"乘着微风，在天空中自由翱翔。渐渐的，我觉得它能带着我们越飞越高，越飞越远，飞向那广阔的宇宙，飞向那无边的大海，飞向那美好的明天……

第四篇：

"不好！迟到了！"曹静大叫起来，拉起我冲进少年宫。结果当然是被老师骂了一顿。"唉，"我低下头看了看踩脏的鞋子，"真是悲惨的中午啊！"

同学们陆续回到了自己的座位上。

王老师指着黑板上的作文说："这四篇作文的结尾都是我们班同学写的。写得很好。文章结尾与开头一样，

有着许多种写法。"

同学们都聚精会神地听着。

王老师继续说:"哪几种呢?第一种是首尾呼应式,也就是开头与结尾的内容相照应。第一、第二篇里都用到了这个方法。第一篇开头写一想到往事就要发笑,结尾处仍表达了这个意思。第二篇以铃响开始,又以铃响结束。这种方式,使文章的结构更加完整了。而且文章的中心常会同时出现在开头与结尾中,这就使中心更明确了。第二种是引起联想式。如《试飞》的结尾这样写'我觉得它能带着我们越飞越高,越飞越远,飞向那广阔的宇宙,飞向那无边的大海,飞向那美好的明天……'看上去,这个结尾写得玄玄乎乎。实际上正是因为写得虚,才让人去联想,思考作者的这些话的真正含义。谁知道它的含义?"

郑华站起来回答:"我猜作者是为了告诉我们,将来他要驾驶着真的飞机去试飞。"

"很好!这种结尾的优点就是含蓄、耐人寻味。"王老师走到第一组前,"第三种是自然结尾式,也就是随着文章内容结束而结束,不再过多地记述,干净利落。第二、第四篇就是这样写的。第四种是点出中心式。它比较复杂,有用抒发情感点出中心的,有用景色描写点出中心的,有用归纳哲理点出中心的,等等。"

这时,鲁历举起了手:"老师,为什么有些文章同时用两种结尾方式,这是怎么回事儿?"

"这的确是一个特殊的现象。写文章结尾的这几种方式常结合在一起用,因为这样能达到更好的效果。不管是用一种还是几种,都应该为文章的内容和中心服务。最后,宣布一下四个结尾的作者。他们是林丽、沈池、寇佳艺和赵清遥。"

教室里掌声四起。清遥的脸绯红绯红的。

6　学学漫画家

"今天又不上学，怎么不再睡会儿？"妈妈提着菜篮推门进来，见清遥正在洗脸，奇怪地问。

"鲁历让我去他家玩，说要介绍一位新朋友给我。"清遥回答。

妈妈一边把牛奶和几根油条放在桌上，一边说："什么朋友？"

"我也不知道。昨天问他，他也不说，一副神秘兮兮的样子。他还说，如果我不去，会后悔的。"清遥走进厨房端了一碗稀饭。

妈妈笑着说："你们约好时间了吗？"

"九点整。"

"那还早，不用急。"妈妈拿来一些酱菜。

清遥"呼噜呼噜"地喝着稀饭，嘟嘟囔囔地说："我知道时间还早，可我的好奇心已经折磨了我十几个小时了。"

"当……当……"八点了。清遥计算着时间：到鲁历家要走十分钟，那么就八点四十五分出发。可现在做什么呢？

妈妈好像猜出了清遥的心思,说:"你不是还有日记没有写好吗?现在就写吧。"

日记是王老师布置的作业。说是"日记",其实不用天天写,每周写两三篇就可以。只要写得真实通顺,没有其他要求。主要是帮助大家养成动笔的习惯,记录生活点滴。

写什么呢?清遥抓抓头皮。手中的笔不住地在本子上敲着。一会儿翻翻书,一会儿看看窗外,再抬头看看挂钟,才八点十五分。算了,回来再写吧。清遥打定主意。

"妈妈,我走了。"清遥换了鞋,打开门。

"日记写完了……"妈妈的话还没有说完,清遥已经不见了踪影。

门铃响了好一会儿,仍不见动静。清遥又按了一次。又过了一会儿,屋里传来"噼噼啪啪"的拖鞋声。门开了,鲁历睡眼惺忪地站在那儿。

进了屋,清遥见家里只有鲁历一个人,就问:"你爸爸妈妈呢?"

"大概去买菜了。你随便坐。"鲁历打着哈欠走进了卫生间。

"你要给我介绍的人到底是谁啊?别卖关子。"清遥说。

鲁历搓着毛巾说:"他是我爸的朋友……"

"什么？你爸的朋友？那是个大人啦？"

"是啊。怎么？我们就不可以和大人交朋友啊？"鲁历解释着，"他是个漫画家。今天和我爸约好来玩。他挺随和的，每次来我家，总要和我开玩笑，把我逗得捧腹大笑。我想，你最近不是爱看漫画书吗？正好介绍你们认识。"

"原来是这样。"清遥自言自语地说，"那他什么时候来啊？"

"不是约好九点的吗？他从来不迟到的。"鲁历说。

说话间，鲁历的爸爸妈妈回来了，手里提着不少菜。

"伯父、伯母早。"清遥很有礼貌。

"清遥来了啊。快坐，快坐。今天中午留在这里吃饭。"鲁历的爸爸很好客。

"爸，待会儿刘叔叔来了，你得让我们先谈谈。我要把清遥介绍给他，清遥可是漫画的爱好者。"鲁历对着爸爸说。

"行。没问题。"

座钟敲了九下，门铃响了。鲁历的爸爸去开门。鲁历对清遥说："你看，我说的吧，他向来准时。"

不一会儿，一个中年男子出现在清遥面前。他留着一头长发，还微微带卷儿。不过头顶却是光光的。身穿一件大红的衬衫,下面是一条牛仔裤。脸上满是笑容。

鲁历热情地说:"刘叔叔,您来啦!"

"鲁历,你好。不好意思,早上九点我就到你家来了,妨碍你睡懒觉了吧。不过睡懒觉是不健康的生活习惯,我们应该拒绝。"听了刘叔叔的话,大家都笑起来。

鲁历指了指清遥:"刘叔叔,这是我的同学赵清遥,他很喜欢漫画的。"

"刘叔叔,您好。"赵清遥赶紧打招呼。

"你好。"刘叔叔笑着说。

"刘叔叔,先到我房间里坐一会儿吧。"

"好啊。"

大家坐定,鲁历看到刘叔叔手边的速写本,就问:"我可以看看这个吗?"

"当然。"刘叔叔爽快地答应了。

速写本里真是样样都有,花草树木、人物房屋、汽车地铁,各种物品。虽然都是寥寥数笔,却又栩栩如生。

"刘叔叔,您每天都带着它吗?"清遥问。

"是的。我们搞漫画的特别注意生活素材的积累。许多有趣的对人有启发的漫画都是从生活中提炼出来的。所以,我每天带着速写本,一见到感兴趣的东西就把它画下来,为以后创作打基础。"

"这倒是和我们写作文有点像啊。"鲁历说,"我们

老师也常让我们平时记录生活里的见闻和感想，积累材料，这样到了写作文的时候就不会没有东西可写了。"

"反正闲着，我给你们画两张漫画像吧。"刘叔叔提议。

"那太好了。"鲁历高兴极了。

刘叔叔取出一支黑色记号笔，捧起速写本画起来。一边画一边还开玩笑："鲁历，如果把你画得不好看，不能生气哦。"

刘叔叔画得很快，不一会儿就画好了。鲁历和清遥接过画稿，真是太棒了！画稿上的鲁历眯着眼睛，咧着嘴，仿佛遇到了什么喜事。而画稿上的清遥则是一脸严肃。可能是第一次当画家的模特儿，有点拘谨吧。

爸爸端着一盆苹果走进来，鲁历立刻把画稿递到爸爸跟前："你看，刘叔叔给我们画的。"

爸爸接过去一看，笑了："真像。线条流畅，特征明显……"

"停、停……"刘叔叔连忙做了一个暂停的手势,"你就别在孩子面前损我了。"

爸爸笑着出去了。

"刘叔叔,您今天是第一次见到清遥,怎么会一下子就把他画得这么像啊?"鲁历问。

"说来很简单。画人物肖像,也就是画人物的外貌,知道人物外貌是由哪几个部分组成的吗?"

"我知道,"清遥说,"是由五官、身材、衣着三方面组成的。"

"对啊。要想画得像,你就得找到人物外貌上的特点,把它夸张地表现出来。什么是外貌上的特点呢?就是在长相、身材、衣着上与别人不一样的地方。一般情况下,人都长着两只眼睛、一只鼻子、一张嘴,如果面面俱到、如实地都画下来,就不是漫画而是素描了。所以我画人物漫画前总是先找出对方外貌上的特别之处。比如,鲁历比较胖,脸是圆圆的,头发短短的,总爱笑。而清遥你留着一个三七分的头,嘴巴总是闭着,有点内向。找到这些特点,画鲁历就重点画他笑的神态。画清遥则突出你那三七分的发型。特点画出来了,其他地方少画或者不画都可以,别人看了之后还是会觉得像的。"

清遥和鲁历看看手中的画像,觉得刘叔叔说得很有道理。

刘叔叔用牙签戳起一块苹果放进嘴里，边嚼边说："外貌上的特点常和这个人的身份、性格、爱好、年龄、职业有关。所以，画得好，别人就能猜出被画人的身份。反过来，根据人物的年龄、职业、性格方面的特点来画，作品就更加传神了。"

鲁历插嘴说："这真和我们写作文一样了。我们老师也说，写人物的外貌不要总是'大大的眼睛，浓浓的眉毛，小小的嘴巴，挺挺的鼻子'。应该选择外貌中的一两个特点具体写，样样都写等于什么都没有写。"

"不得了，你懂得真多。"刘叔叔说。话音刚落，大家都笑起来。

下午一回到家，清遥就写起了日记。

上午，鲁历约我到他家玩。我在那里认识了一个新朋友。不过他不是我的同龄人，而是一位漫画家。他是个中年人，上身穿着红衬衫，下身穿着牛仔裤。最有趣的是他的头发，周围很长，还带着卷儿，中间却一根也没有。

漫画家就像漫画一样令人发笑。他说话很风趣，一开始我有点紧张，可笑了几次后，就放松了。他姓刘，我们都叫他刘叔叔。

今天，刘叔叔给我和鲁历各画了一张漫画肖像，画得像极了。爸爸妈妈见了,都说好。我想请爸爸帮我去复印几张,送给好朋友们。

我们和刘叔叔谈得很投机。今天真高兴。

7 王老师的"绝活"

赵清遥很佩服班里文学社的成员们。

文学社里只有四个成员——郑华、沈池、陈芳、寇佳艺,沈池是社长。这四个同学成绩优秀,尤其喜欢作文。王老师把他们组织起来,成立了文学社,给了他们一本黑色的"硬面抄",还在扉页上写了"文心雕虫集"几个字。文学社成员们轮流在"硬面抄"上写随笔,王老师定期为他们辅导。每当见到好文章,王老师就会在上课时捧着"硬面抄"读一读,评一评。郑华他们的作文写得真好,四个人各有各的特点,同学们都很爱听。久而久之,大家在作文上遇到困难,就会向他们请教。他们也都乐意帮忙。

文学社每周活动一次。念自己的作文,评改别人的作文是活动的主要内容。如果是在中午活动,那么周围会挤上不少旁听的人。每到这时,教室里总是十分热闹、有趣。

"陈芳,该你念了。"沈社长主持着活动。

陈芳接过本子,翻到自己的作文,大声念起来:

坐在我后面的是许凡。她有一张匀称的鸭蛋圆脸。两条细细的眉毛，一双会说话的大眼睛。虽然她长得挺漂亮，可是脾气却不太好。有一次，我不小心踩到了她的新皮鞋。她立刻大叫起来，并伸出手想打我。我吓得愣住了，只好一动不动地接受她的"惩罚"。

许凡还是个"家庭小主妇"呢！一下课，她就会算计着零花钱该怎么花，合不合算。有时上课了，她还在那里不停地忙着。一会儿理书包，一会儿修钢笔。碰巧老师让她回答问题，她就只能呆呆地站在那里。这时，你如果去打她一下，她绝对不会还手。真好笑。

文章读完了，大家都笑起来，并且不约而同地向第一排最后的那个空座位看去。

"幸亏许凡不在，如果让她知道你这么写她，真难想象会发生什么事情。"

"世界大战，一定会爆发世界大战的！哈哈……"陈芳笑了，双手紧握着拳头挥动着。她活泼好动，长得高高胖胖的，脸上总挂着天真可爱的笑容，是个无忧无虑的小姑娘。

"我觉得这篇作文太短了，写得不太清楚。你们说呢？"沈池是陈芳的好朋友，而且住在同一幢楼里。但评起作文来，却是不讲情面的。

"对、对！是没写清楚。"郑华是陈芳的"死对头"。唇枪舌剑是他俩的常事，不过失败的总是郑华。"好，我来念，我写得很具体。"郑华得意地看了陈芳一眼。

四年级的学业马上要结束了。赵清遥觉得自己已经不讨厌语文课了，也不怕写作文了。爸爸说，这得归功于王老师对清遥的帮助。而王老师却说是清遥自己努力了。清遥知道王老师说的是客气话。王老师对清遥的影响确实很大。每天回到家，清遥就会和爸爸妈妈谈谈王老师的事。谈他如何幽默，谈他的知识如何丰富，谈他如何关心同学们。说到学习上的事儿，如果清遥和爸爸发生分歧，清遥的"王牌"就是"王老师这么说的"。头几次，爸爸还要争辩一下。到后来，他就感觉到了王老师在清遥心中的分量，争辩已经没有用了。爸爸没有因此而失望或生气，相反，他很高兴。因为儿子在进步。

赵清遥觉得王老师很平易近人。一下课，同学们可以无拘无束地围着他问这个问那个，或者聊聊最近看的电视节目、新买的书。同学们都知道王老师是个书迷。每周都要去书店逛逛。谈起书，王老师总是神采奕奕，眉飞色舞。他经常向同学们介绍一些好书。有时还把自己的书借给同学们看。据去过王老师家的同学说，单是王老师写字台上就堆着一百来本书。如果它们倒下来，肯定会把坐在桌边的人砸昏过去。

王老师也喜欢朗读。上课的时候，如果有同学课文读得不好，他就反复示范、指导。他总是对大家说一个词——语感。说实话，同学们不太明白这个词。不过，不理解也没关系，反正知道很重要就是了。王老师说一个人有了好的语感，对阅读和写作都会有很大的帮助。他还说，获得语感最直接的办法就是大声朗读，所以王老师的学生也大都喜欢朗读。不管是绘本、童话、散文、诗歌还是小说，甚至报纸上的新闻，无所不读。

另外，他还有一样"绝活"。

在一次作文课上，王老师教大家写人物的神态。他说，神态常常和语言、动作联系在一起写。有了神态描写，人物说话、做事时的情况就更清楚了。读者对人物的理解、对事情的了解也就更具体更详细。而且别人朗读你的习作时，也可以通过神态描写读得更生动。见大家还不太明白，王老师就说了一段绕口令："叫你不要弄冻豆腐，你偏要弄冻豆腐，现在弄坏了冻豆腐，大家都吃不到冻豆腐。"

王老师读得既快又清楚，同学们听完，立刻鼓起掌来。

王老师笑着问："大家猜得出我在念的时候心情是怎样的吗？"

这哪能猜得到啊！清遥心想。同学们都不作声。

"大家猜不到是因为这段话之前没有加上神态描写。"说着,王老师转身在黑板上写了一个填空:"王老师(　　)地说。"他请大家把它填完整。

鲁历举起手,说:"王老师高兴地说。"

话音刚落,只见王老师突然仰着头哈哈大笑起来,一边笑一边说:"叫你不要弄冻豆腐……哈哈……你偏要弄冻豆腐,现在……哈哈……弄坏了冻豆腐……"

同学们先是一愣,但立刻反应过来了,纷纷笑起来。这时,王老师已经把四句话说完了。

"是不是感觉不一样了啊?"王老师说,"大家猜猜看,为什么要高兴地说。"

同学们七嘴八舌地讨论着。

不一会儿,王老师又叫同学们填空。

大家争先恐后地举起手:"王老师伤心地说。"

"王老师轻轻地说。"

"王老师无可奈何地说。"

"王老师委屈地说。"

"王老师冷冷地说。"

"王老师幸灾乐祸地说。"

……

同学们每提出一种神态,王老师就按要求说一遍绕口令。他一会儿瞪大眼睛,一会儿低头害羞,一会儿粗声粗气,一会儿轻声轻语,一会儿摇头晃脑,一会儿挥着手臂,一会儿手捻衣角,一会儿满脸冷笑。真是绝了!大家从来不知道王老师还有这样的表演才能。同样的一段话,加上不同的神态描写,竟然读出了完全不同的意味。教室里笑声、掌声此起彼伏。渐渐的,没有人再举手了,因为大家的手都捧在了肚子上。

说完最后一遍,王老师便静静地看着笑得前仰后合的同学们。他的额头上悄悄沁出了小汗珠。过了好一会儿,同学们才止住了笑。

从此以后,赵清遥写作文时,只要一写到人物的动作和语言,就会想起王老师的表演。爸爸说,对于那段绕口令,清遥可能一辈子也忘不掉了。因为那里面有欢乐,更有知识。

8 摄影展

"六一"儿童节就要到了,学校正筹备一些庆祝活动,有书法绘画展,有演讲比赛,有作文比赛,还有摄影展。在各种活动中,摄影展最令人瞩目。因为只有摄影展是师生共同参与的。

鲁历是校摄影组的候补副组长。别人听了这个职务都忍不住要笑,可他毫不在乎。因为现任组长和副组长都是六年级同学,再过一个月就毕业了。如果根据摄影技术来确定下一届组长、副组长的话,鲁历认为自己应该是个副组长。当然,他并不是没有想过组长的职务。关键就看这次摄影展了,如果得个大奖,那么无疑会给竞选组长添上一块很重的砝码。为此,鲁历早就开始准备了。

起先,他打算拍静物。这是他的"拿手好戏"。有一次,漫画家刘叔叔从西藏带回来一只古怪的陶罐。陶罐上画了一张龇牙咧嘴的脸。造型很奇特,上大下小,方口圆身。鲁历取出相机,左右比画,总觉得单拍陶罐不好看。后来,他灵机一动,找来一把精致的小军刀,靠在罐子上。照片拍出来后,还在少年宫里展示过呢!可这次鲁历找不到合适的拍摄对象。

一连好几天,鲁历都愁眉不展。赵清遥也为他着急,帮他出主意。

"你可以拍拍同学们学习、活动的场面。"

鲁历摇头说:"那得花许多时间去找合适的镜头,我们每天上课,哪有这工夫啊?"

"那去拍人们晨练的场面。"清遥又建议。

"不行。这类题材拍的人太多了。上星期六,我在阳台上看见三个四年级二班的同学对着那些老头老太拼命按相机。"

"那怎么办?"

"拍照片和写作文差不多,要新颖才能吸引别人啊。"鲁历一副很有经验的样子。

两天以后——

清晨,鲁历早早地来到清遥家里。清遥发现鲁历脸上的愁容不见了。

"清遥,我昨天想了很久,终于想到了一个题材只有我有。"鲁历得意地说。

原来如此,怪不得他一脸笑容,一大清早就来找我。清遥暗想。

"你想到什么了?"清遥一边吃早饭一边说。

"说起来,还要你帮忙。只是,我怕你不同意。"鲁历有点迟疑。

"什么话!只要我做得到,肯定帮你。"清遥很坚决。

"那我说了。"鲁历看看清遥说,"我想到的拍摄题材——就是你!"

"我什么……什么?我!不行,不行……"清遥嘴里的稀饭差点喷出来。

鲁历连忙解释道:"你听我说。我和你是好朋友,我对你比较熟悉,拍出来的照片一定很特别。全校上下,我猜,只有我一个人会想到拍你。我们就合作一次吧。"

清遥的妈妈听见他们的谈话，也走过来对清遥说："你就答应吧！给鲁历做一次模特儿有什么关系。"

"好吧。"清遥点头说，"可是你拍我什么呢？"

"拍你和你那只宝贝乌龟啊！"鲁历早有打算。

"啊……"清遥又吃惊地叫起来。

盼望已久的摄影展终于开幕了。中午，同学们纷纷来到观摩厅看展览。观摩厅有二百多平方米，可还是显得拥挤不堪。值勤的同学不停地喊："请大家往前走！请大家往前走！"但参观的队伍仍然走得很慢。同学们仔细地看着一张张或彩色或黑白的照片。一旦从照片上发现自己熟悉的人或者熟悉的地方，就会停在那里议论一番。参展的照片真多，围着观摩厅摆了满满一圈。

"这不是赵清遥吗？"不知谁喊了一声。

"哎，真是的。"

"是鲁历拍的……赵清遥，快过来，这儿有你的照片。"

走在前面的同学嚷嚷开了，就像哥伦布发现了新大陆。

赵清遥和鲁历闻声快步走到那张照片前面。照片的确不错。只见清遥身穿白衬衫，神情专注地看着身前的玻璃缸。玻璃缸里有一只小乌龟，是青褐色的。它的脖子伸得长长的，两只小圆眼睛亮闪闪的，紧盯着清遥手

中的一小块肉。清遥的脸上满含喜爱之情。当然，这神情不是装出来的。清遥本来就很喜欢这只小乌龟。

为了拍好这张照片，清遥和鲁历费了不少力气。鲁历认为清遥最大的特点是爱饲养小动物，所以决定拍一张清遥照顾小动物的照片。照片主题是人和动物和睦相处。鲁历要求清遥给家里的小乌龟喂食、换水，和它玩耍，各种情景他都拍了一些，最后再选择。因为时间紧，照片冲印出来后，鲁历就自己选了一张送到学校里。所以，今天清遥也是第一次看到这张照片。

正当清遥和鲁历喜滋滋地看着自己的作品时，周围又围过来一些同学。

"瞧！照片上的人就是他……"

"这张照片拍得真好！那只小乌龟真可爱。"

同学们小声议论着。鲁历和清遥还听到一位五年级的同学称赞照片的光线用得好。清遥向鲁历伸出手，他们使劲地握了握，庆祝合作成功。

"快来看啊！快来看啊！我又发现一个我们班的同学。"林丽招呼着。

大家一下子跑了过去。

"这不是沈池吗？"鲁历说。

眼前是一组照片，共五张。第一张，一个小朋友端着盛满饭菜的餐盒走在前面，沈池正好走在他后面。第二张，小朋友不小心摔倒了，饭菜撒了一地。第三张，沈池把自己的饭菜放在一边，蹲着察看小朋友的膝盖。第四张，沈池把小朋友扶起来。第五张，沈池搀着小朋友向卫生室走去。

"把它们连在一起就是一个故事。"赵清遥赞叹着。

鲁历眼睛尖，一下子瞅见了排在后面的沈池，连忙向她招手："沈池，快过来。"

沈池走过来。"你看，这是谁？"林丽俏皮地说。

"这……是……我啊！谁拍的啊？我怎么一点不知道。"沈池惊讶极了，脸涨得通红。

鲁历在照片的左下角找到了作者："王非政……啊？是王老师拍的啊……"

第二天下午有一节语文课，王老师说，这节课到观摩厅上。"观摩厅里不是在搞摄影展吗？怎么上课啊？"郑华小声地问陈芳。

"老师自有老师的道理。"陈芳好像很了解底细似的。

大家排着队来到王老师拍摄的那组照片前。王老师解释道："那天我站在窗前正好看见沈池，就随意给她拍了张照片。后来，那个小朋友突然摔倒，沈池上去帮忙。我就把整个过程拍下来了。不过，这些照片还缺少

一些说明。我想请大家来写。大家能不能用五个表示动作的字来分别说明这五张照片。"

过了一会儿,陈芳回答道:"第一张用'走',第二张用'摔',第三张用'看',第四张用'扶',第五张用'搀'。"

王老师点头表示满意:"描写动作最主要就是细致,不要遗漏主要动作,不要把动作的顺序弄颠倒。如果五张照片,我随便拿走两张,整个故事就不完整了,中间的细节,别人也就不知道了。如果五张照片的顺序放乱,你看了,就会觉得不合理。"

王老师接着说:"单是用动词,还不能把事情写具体,写完整。这件事情究竟是怎样的,我们还得请沈池来讲。大家一边听一边想,沈池有没有把动作顺序弄乱,在描写动作的时候,还写了其他的什么内容。"

沈池拿着前一天晚上完成的作文,大声念起来。

发生在中午的一件事

中午,雨停了。地上的积水还没有干。

我盛好午饭走向教室。走在我前面的是一个二年级的小朋友。他餐盒里的饭菜盛得太满了。他小心翼翼地向前走。走着走着,不小心一脚踩在水塘里。他连忙收回脚。没想到,脚底一滑,"咣当"一声,人摔倒在地,饭菜全撒了。小男孩"呜呜"地哭起来。

我赶紧走过去,把餐具放在花坛边的石凳上,蹲下身子问:"小朋友,摔疼了吧?"小男孩继续哭着,一边还说:"疼、疼……"我低头一看,只见小男孩的手臂和膝盖上都磨破了一大块。如果不及时处理,可能会感染。想到这儿,我忙对小男孩说"我扶你去卫生室吧。"他同意了。于是,我一手拿餐盒,一手搀着他走向卫生室。

来到卫生室,我对卫生老师说明情况,老师立刻为他处理伤口。只见老师先从柜子里取出酒精棉花、红药水、胶布、镊子等物品。老师先用酒精棉花把小男孩的伤口擦干净。才擦了一下,小朋友就"哎哟、哎哟"叫起来。我连忙安慰他:"忍一忍,一会儿就好。"接着,老师替他涂上红药水,并贴上一块创可贴。

我扶着小朋友走出卫生室,说:"你一定饿了吧。你先吃我的这份饭。"

"谢谢你,大姐姐,那你呢?"

"没关系,我再去食堂打一份。"

最后,我把小朋友送回了教室。这时才听见肚子在"唱空城计"呢。

沈池的话音刚落,同学们就鼓起掌来。是为她的作文,更是为她的行为。

"按照顺序细致地写好动作并不难。难的是要学会把动作和对话、心理活动、神态甚至外貌组合起来写,那样读者读你的文章时,就能想象出你所描述的场景……"王老师说。

"写对话的时候还要注意变化提示语的位置。"鲁历插话道。

林丽突然在队伍里问:"王老师,为什么要在动作之前加心理活动呢?"

王老师笑了笑:"那你先告诉我,你为什么会提这个问题?"

"因为我不明白啊。"

"对啊!因为你心里想不明白,所以才向我提问,可见,人做出一个举动前必定是先有想法。写出做动作之前的心理活动能让读者对文章内容更加了解。当然,也不是每个动作之前都要加心理活动。千万不要刻意去加。如果你平时经常阅读,别人的写法会悄悄躲进你的心里。等到你自己动笔的时候,加还是不加的问题会自行解决。"

"这么神奇啊……"鲁历不禁小声说。

9 可爱的小乌龟

自从照片展出后,清遥就成了校园中的新闻人物。一些同学见到清遥就会想起那张照片和那只小乌龟。这只小乌龟是清遥念三年级时,妈妈偶然在菜场的一个角落里发现的。当时,它正躺在一个卖甲鱼的小贩的破脸盆里。妈妈知道清遥喜欢这些东西,就把它买下来了。

刚买回来时,小乌龟才半只手掌那么大。胆子很小,稍有动静,就紧缩头尾、四肢,一动也不动。清遥找来一个玻璃缸,放了水,还放了一些洗干净的黄沙。妈妈问他为什么?他说是为了让小乌龟上岸休息。妈妈说他很细心。

小乌龟刚住进玻璃缸,怕生,终日一动不动地伏在水里。清遥向妈妈要了点肉糜放在黄沙上。半天过去了,那点肉糜还在。一天过去了,小乌龟仍然不愿上岸。清遥着急了。

"小乌龟不吃东西会饿死吗?"

妈妈笑着说:"不会的,乌龟的寿命可长了。"

第二天一早,清遥来到玻璃缸前,小乌龟还趴在水里。清遥失望极了。可就在这时,清遥的眼睛一亮——肉糜不见了!仔细找找,真的不见了。原来小乌龟趁大家

睡觉时上岸吃了肉糜。清遥心里的一块石头终于落了地。

从此，清遥放学回家第一件事就是给小乌龟喂食。开始，小乌龟不敢当着清遥的面吃东西。清遥放好肉糜，就走得远远的，偷偷地看着它。小乌龟等周围没了动静，就慢慢地爬到肉糜旁，闻一闻，然后张大嘴巴把肉糜吞下肚去。为了不让小乌龟害怕，清遥每天喂食前先摸摸小乌龟。时间长了，小乌龟就发现了规律——小主人一摸自己，那就要开饭了。渐渐的，小乌龟的胆子大了。吃东西时也不再避人。

清遥做完作业，会把小乌龟放在写字台上，看着它爬到这儿，爬到那儿。如果清遥对着它轻轻拍两下手掌，小乌龟就会微微点两下头。妈妈说，小乌龟是认识清遥的。因为别人冲它拍手时，它从来不点头。清遥觉得很高兴，他听人说过，乌龟是一种有灵性的动物。他当然希望自己的小乌龟也有灵性。

爸爸对清遥饲养小乌龟这件事一直不以为然。他常埋怨妈妈，不该买乌龟。否则清遥三年级时学习成绩的提高速度就不会比乌龟爬还慢。

清遥也曾暗下决心，不能让小乌龟因为自己的成绩受连累。这个愿望现在终于实现了。爸爸的埋怨早就没有了。而且当他见到照片时，还认为照片拍得好，也有小乌龟的功劳。

摄影展评比结果公布了。

下午的校会课上，教导主任在广播里讲："……先宣布教师组获奖名单……二等奖……王非政……"教室里一片欢呼声。王老师忙做了一个噤声的手势，可是效果不大。

"……学生组获奖名单……二等奖……鲁历……"

"耶……"同学们的情绪高涨到了极点，鼓掌、欢呼、挥动手臂，就像球迷见到自己喜爱的球队获得胜利一般。鲁历和赵清遥情不自禁地抱在了一起。获得一等奖的是位六年级的同学。二等奖中，鲁历的得分最高。

"鲁历，你现在可不是'候补副组长'了，而是'候补组长'啊！"郑华笑着说。

王老师向鲁历招招手。鲁历走上讲台，王老师说："鲁历，给大家说几句吧。"

鲁历笑得连眼睛都找不到了:"我觉得很高兴……我感谢大家对我的支持。特别要感谢赵清遥——我的好朋友。如果没有他,就没有这张照片。"

教室里沸腾着。赵清遥觉得很激动。

下课后,王老师把清遥叫到办公室里,说:"赵清遥,这次活动你和鲁历合作得很好,为班级争了光。"

"没什么……"清遥腼腆地笑笑。

"下周一的演讲准备好了吗?"王老师问。王老师每天都要请一名同学在语文课上演讲三分钟,下周一轮到清遥了。

清遥看了看王老师,轻声说:"还没有,我想在双休日准备……"

"啊,没有关系,我有个建议,希望你在演讲中谈谈你的小乌龟。你还可以把它带来,让大家看看。"王老师说。

清遥有点意外:"真的吗?"

"当然是真的。不过,我有一个要求,只能星期一带来,而且不能影响上课哦。"

"不会的,不会的。"清遥忙不迭地说。

"好,那就这样说定了。"说着,王老师从写字台里取出一张纸,"你打算怎么介绍你的小乌龟呢?"

"我还没有考虑过……"清遥摇摇头。

"我给你提供一些方法。"王老师看着面前的纸说,

"介绍一种动物,一般总是先说它的外形,其中包括形状、颜色、身体各部分的特点。还可以介绍它的来历。第二步,要介绍小乌龟的习性。知道什么是习性吗?"

"习性就是小乌龟生活在什么地方,吃什么,喜欢什么,不喜欢什么,活动有什么规律。"清遥如数家珍。这都是他熟悉的。

"很好。要注意,在说小乌龟的习性时,不能单说它。你得把自己如何照管小乌龟和它的习性交叉在一起介绍。这样,别人才能知道这只小乌龟是你精心饲养的。你和小乌龟之间发生过什么有趣的事情吗?"

"有。有一次,我把它放在写字台上。一转眼,它就不见了,好久也没有找到。后来才发现它掉在抽屉里了。"清遥笑着说。

"这倒是一场虚惊啊。好。那么第三步,你就介绍一件发生在你和小乌龟之间的事。开头和结束时,最好说说自己的感受。"王老师一边说,一边在那张纸上写。说完,他把纸递给清遥。原来是一份详细的演讲提纲。

双休日,清遥一点儿没闲着。他仔仔细细地观察了小乌龟的外形,虽然他早已熟悉了这个小家伙。然后参考王老师提供的提纲,写了一份演讲稿,并让爸爸修改了一下。爸爸说,演讲时最好不要看稿子。清遥果真把稿子背得滚瓜烂熟,还对着镜子说了好几遍。

10　在公园里

期末考试结束了,每个同学脸上都洋溢着轻松。抬头看看天空,纯净的蓝天,千姿百态的白云,都是那么美好。

沈池提议文学社去公园搞一次活动。社长的提议得到了两位女"社员"的赞同,郑华却有些犹豫。

"你们三个都是女生,就我一个男生,我不是太孤单了吗?"

陈芳心直口快:"那你看怎么办?"

"最好扩大一点范围。"郑华表达得很含蓄。因为文学社活动一般不邀请社外人员。

沈池明白了郑华的话中之意:"你的意思是破例邀请一位男生?"

郑华点了点头,伸出了两根手指:"最好是请两位。这样就三比三了。保持平衡。"

三个女孩子挤在一起商量,最后决定同意郑华的请求。因为总是让一个男生跟在三个女生后面,确实有些不近情理。不过女生们提出了条件,郑华想邀请的人得集体讨论一下。

"我想请鲁历和赵清遥。我这次想到公园里收集一些树叶做标本。听说赵清遥很在行,所以我打算请他。鲁历是赵清遥的好朋友,请了赵清遥当然得请鲁历。否则,赵清遥还不一定肯去。再说,鲁历去了,还可以请他给我们拍点照片,不是很好吗?"郑华说着自己的计划。

三个女生商量了一下,赵清遥通过了。对于鲁历,陈芳提出异议。她觉得鲁历有点自以为是,得考虑一下。郑华急了,重申了自己的观点。如果鲁历不去,赵清遥也肯定不会去的,那他也不想去了。只有一个男生,多没意思啊。况且,自以为是也不是什么大毛病。见郑华态度这样坚决,女生们就答应了。沈池又提出,还可以邀请王老师去,大家也同意了。王老师比沈池他们大十几岁,有时就是一个大小孩。课余,常和同学们做游戏。文学社的活动,他经常参加。所以接到邀请,他一口答应。

公园花坛里花团锦簇。园林工人根据花的颜色摆放出各种图案,吸引了不少游客驻足流连。微风吹来,空气里有淡淡的花香,十分好闻。远处的大草坪碧绿碧绿的,人们有的坐在那里闲聊,有的在玩飞碟。郑华对鲁历说:"真可惜,如果带只足球来踢就好了!""是啊……"鲁历也觉得有些遗憾。

小伙伴们和王老师一路说说笑笑,不一会儿就到了湖边。湖边停着不少小木船,时间还早,划船的人不

多。"我们划船吧。"郑华提议。大家异口同声地说好。

湖水清极了,湖底的水草隐约可见。小伙伴们分乘两条船。寇佳艺、陈芳、沈池一条船。王老师、赵清遥、鲁历、郑华一条船。湖面很平静,阳光射在上面,明晃晃的,像面镜子。岸边的柳树随着风将自己长长的枝条柔柔地拂动在水面上。湖上的风凉凉的,吹在身上,格外舒服。大家索性停下了桨,让小船随意地漂着。

清遥拿起鲁历的照相机摆弄着:"你的相机很高级嘛。我只会用'傻瓜'相机拍……"

鲁历听清遥说自己的相机好,来了劲,先是打开相机对着老师、同学们一通猛拍,然后又对清遥详细地介绍相机上的各种按钮的作用和怎么取景。王老师在一边笑眯眯地听着。介绍完,鲁历对清遥说:"你来拍一张,反正是数码的,拍得不好可以删掉。"

清遥举着相机,眯起眼睛,选了一个拍摄内容,说:"你来看看,我这个景取得怎么样?"

鲁历凑过来,看了一会儿,摇摇头说:"不是最好。你看镜头里就这么几棵树,太单调了。"

王老师笑着对清遥说:"你这就不是取景,而是取物了。"

"景和物还有区别啊?平时我们不是都说景物的吗?"清遥问。

"景和物当然是有区别的啊。"王老师说,"'物'一般是指一件东西。一本书、一只铅笔盒、一艘小船、一棵树、一朵花、一只小动物,等等。'景'通常是指一处环境。教室、房间、学校、公园等都是一个环境,一处景致。'景'是由许多'物'组成的。写'物'的时候,要把物件的各方面的特点写出来,比如外形、图案、来历、作用、质地,等等。如果能再用一件小事说明你和这件东西的关系,就更好了。写景就不一样了。因为'景'由许多'物'组成,所以不能把环境中的每一样物件都写得很具体。能体现景色特点的物件就写得详细一点,其他的就略写,还要注意按照一定顺序来写……对了,清遥,你上次当小解说员,为外校老师介绍校园,那份按照参观顺序写的解说稿就是一篇很不错的写景作文啊。"说着说着,王老师突然笑起来:"你看,我怎么在船上上作文课了啊!呵呵……不说了。"

"就是啊!"鲁历扮了一个鬼脸,小声对清遥说,"你看我选的镜头。"

清遥伸过头去,看着取景框。只见小框左边有一个小亭子,亭子边上堆着一座假山。亭子前面是一条水泥小道,小道伸向远处。小道上有两三个行人。小道两旁是挺拔的树木。

"拍风景照,要讲究层次感。景物要有近有远,有大有小,有动有静……"鲁历带着一些得意说着摄影培训班里老师说过的话。

清遥边听边点头。

下了船,大家坐在小亭子里喝水、吃东西。郑华拿出一根火腿肠递给清遥,清遥则从包里取出一个本子递给郑华。鲁历笑着说:"你们是在一手交钱一手交货啊。"

郑华把本子打开,只见每页都夹着一片树叶。每页的右下角写着叶子的名称和收集的时间。这些树叶中的水分已经被压干,每一片都十分平整。拿起来,闻一闻,有一股奇特的香味。

"真是太棒了!赵清遥,你收集这些叶子花了不少工夫吧?"郑华看着一片梧桐树叶说。

"嗯,是用了很多时间。为了搞清楚是什么树的叶子,我除了上网查资料,还去了好几次图书馆呢。"

王老师也凑过来看,他拿起一片树叶,好奇地说:"这片叶子怎么有股甜腻腻的味道?"

"这是葡萄的叶子。"清遥解释道。

王老师突然一本正经地说:"是这样啊。清遥,你要想写好这片叶子,除了外形、颜色、来历,一定要写一写它特别的香味哦……"

清遥听了,有点丈二和尚摸不着头脑。

鲁历一下子反应过来,拍了一下清遥:"王老师在和你开玩笑呢。哈哈……"

11　含羞草

　　赵清遥不久前买了一株含羞草。
　　这株含羞草有一尺多高,细细的茎挺得直直的,上面还有一些小刺儿。茎上像塔松一样派生出不少分枝,分枝的两边长出许多排列整齐的叶柄,叶柄上边又长出一对对小叶子。用手轻轻一碰,叶子就成对地合拢起来。如果碰得重些,合拢的叶子就多些,有时连叶柄也会低垂下来,真像一个怕羞的女孩子。过了一会儿,叶子又会慢慢张开,再神气地竖起来。下午,天气比较热。这时,你即使不去碰含羞草,它也会渐渐垂下"脑袋",仿佛要中暑似的。但到了第二天清晨,气温下降,它的叶子又展开了。如果运气好,还能看见含羞草的花。这是一种粉色的球状小花,有点像蒲公

英。虽然不是很漂亮，但很有意思。

一有空，清遥就站在含羞草前看看，用手指轻轻碰碰它。再过两天就要单元测验了，可是放学回到家，清遥只顾着照料他的"宠物们"，一点儿都不愿意复习。爸爸有些着急了，走到阳台上对清遥说："马上要单元测验了，你都复习好了？"

清遥回过头，说："没关系，一次测验嘛，我全复习好了。"

爸爸感到自从清遥有了些进步，受了些表扬之后就不太谦虚了，这样下去，怎么办？看着清遥满不在乎的样子，一个念头突然闪进爸爸的脑海：既然清遥觉得自己不复习也能应付测验，那就随他去吧。等成绩出来，他会懂得用什么态度去学习的。想到这里，爸爸拍拍清遥的肩膀，回房间了。

"王老师来了，王老师来了。"一位同学在走廊上喊着。

只见王老师拿着一叠试卷从楼上下来。"一定是上次的单元测验卷。"林丽说。同学们陆陆续续地走回教室。王老师站在教室门口，向教室里环视了一下，然后走到讲台前，放下批好的试卷。看着老师严肃的神情，同学们不由得担心起自己的成绩来。

"这次单元测验,分数已经出来了。我们班考得不是很好,下面我把卷子发给大家。"说完,王老师叫起同学们的名字来。

鲁历拿到卷子,八十二分。他高兴地对清遥说:"还好,还好。我爸要求我考到八十分以上,总算过关了。"看着鲁历的笑脸,清遥一时感到心慌起来,不知道为什么。

"赵清遥……"

清遥立刻站起来,走了过去。

七十,一个鲜红的数字跃入眼帘,它是那么刺眼!怎么搞的,怎么会……清遥觉得心"咯噔"一下,脑子里一片空白。答卷的时候我感觉挺顺利的,没发现什么特别难的题目啊!这怎么向爸爸交代?

"几分啊?你考了几分啊?"鲁历连声问。

清遥把卷子递给他看。"怎么只有……"鲁历没有把话说完,清遥的脸色已经很难看了。鲁历翻了翻卷子,几乎每个大题都有不少失分,作文下面还有两个红色的字:"偏题。"

这时,王老师正在分析试卷:"……这次的作文题是《我的妈妈》。这是一篇写人的文章。拿到题目,我们就要考虑用一件什么事情来表现妈妈某方面的特点,比如兴趣爱好、性格脾气、品行,等等。请大家听我读一篇文章,想想是写人的还是记事的。"

王老师念了起来。

我的妈妈

今天是元宵节,一大早,妈妈就在厨房里忙开了。我想:我已经长大了,可连汤团也不会包,不如趁这个机会向妈妈讨教讨教。我向妈妈说了自己的想法,妈妈同意了。但她提出一个要求:不能半途而废。我高兴地答应了。

妈妈对我说:"做汤团,首先要捏糯米粉。糯米粉里的水要放得不多不少……"于是,我照着妈妈的要求,在一只大碗里放了半碗糯米粉,又放了一些水,开始捏起来。十分钟过去了,十五分钟过去了……我的手已经酸透了,可糯米粉还是那么粘手。我不想再做下去了,可又想起刚才妈妈的要求,只好继续捏下去。又过了好一会儿,糯米粉终于捏好了。

妈妈又对我说:"你照我的样子试试包汤团。"我学着拿起一小团糯米粉,把它捏成一个"小碗"。可是"碗"怎么也立不起来。妈妈都做了好几个了,我连一个也没有做好,真是急死人了。妈妈看着我这狼狈样,耐心地手把手教我。经过多次实验,总算捏成功了。

随后,我又照着妈妈的样子,在"小碗"里放了些事先准备好的馅儿,又搓了搓。不好,我搓了几下,馅儿露出来了。这可怎么办啊？忽然我灵机一动，想出了一个好主意。我拿了些捏好的糯米粉像橡皮膏似的补在露馅儿的地方。就这样，我一下子做了五六个。当我做到第七个时被妈妈发现了。我红着脸，低着头，心想，这下倒霉了。还好，事情没有我想得那么糟，妈妈不但没有骂我，还教我该怎么包才能不露馅儿。我又高兴地做起来了。

晚上，我们全家坐在一起吃汤团。我觉得今天的汤团特别甜特别好吃。

这不是我的作文吗？清遥心想。

王老师又重复了一下刚才的问题，沈池举手说："这篇文章是写事的。"

"是的。"王老师说，"作者写到了妈妈，但并没有写妈妈某方面的特点。这件事不是为了体现妈妈的特点的。从哪里看出来的呢？首先，妈妈不是文章的主人公。主人公是'我'。文章主要写了'我'学包汤团的事情。妈妈仅是事件中的配角。其次，这件事情是根据学习包汤团的经过展开的。从'想学'开始，到'学成'结束。事情记述得很完整。这是记事文章的重要标志。第三，作者在文章最后归纳出来的中心是用自己的劳动换来的果实更香甜。这不是妈妈的特点。所以这篇

文章偏题了。"

听着听着,清遥有些明白了。

下课后,赵清遥被王老师叫到了办公室。老师拍了拍手上的粉笔灰,对清遥说:"上课时我讲的内容听懂了吗?"

"听懂了。"清遥小声说。他的脸涨得通红,感到很惭愧。

"这次测验,你写作文前,没有审清题意。"王老师拿起杯子喝了一口水,"你的作文写得不错,只是不符合题目要求。写人的文章和记事的文章很容易混淆,因为描写人物要用事件来说明,才能有说服力。而记述事情则一定要写到人物的情况,不然就算不上是事情。"

"那我怎么才能把它们区分开来呢?"清遥问。

王老师笑笑说:"其实这个问题,刚才我在上课时已经讲到过了。这样吧,我再给你详细讲一讲。"王老师从旁边拿来一把椅子,叫清遥坐下。

"写人主要让读者了解人的特点,所以重在描写人物。记事主要让读者明白事情经过,所以重在交代事情的来龙去脉。写人的文章通常是先介绍人物的概况,如外貌、年龄、职业,等等。然后再简练地叙述人物某方面的特点,如品质、爱好、特长、性格,等等。写的时候,这两部分可以颠倒,第一部分也可以省略,这要根据实际需要来定。第三部分就是选择事情来具体说明人物特点。这里要注意，如果没有特别的要求，一般选择一件事情来写就够了。写得多，反而失去重点，甚至与中心发生矛盾。选择的事例必须与人物的特点、文章的中心相关。特点写清楚了，事例就不用再多写了。写人文章里的事例不需要把前因后果写完整。如果题目要求用两三件事情来说明人物，那就一定要写得有详有略，中心统一。写事的文章一般是按照事情发展的先后顺序来写的，也就是分成起因、经过、结果三个部分来写。也可以按照时间或者地点变化顺序来写。另外，还可以用倒叙或者插叙的方法来写，这可以使文章更加吸引读者。哪种方法能使事情表达得更清楚，更吸引人，就用哪种……"

　　清遥边听边点头，就像清晨在微风中摇摆的含羞草。

12　家长会

　　夜幕慢慢降临，太阳的最后一点光芒正在变弱，消失。天空渐渐变成了深蓝色。
　　校园里一片热闹，操场边的四盏白玉兰花灯照亮了半个校园。每间教室都是灯火通明。走廊上聚着不少人在交谈。今天是开家长会的日子。家长们来到教室里，熟门熟路地找到自己孩子的座位。对孩子们来说，开家长会的日子总是兴奋而紧张的。兴奋的是爸爸或者妈妈可以去看看自己的学习环境。紧张的是不知道老师会对家长说些什么。而对于寄宿班的有些孩子，可能紧张要更多些。
　　建设小学有寄宿部，一部分小朋友平时住在学校里，星期五放学后才回家。寄宿的孩子大都有很强的自理能力，心思也活，点子也多。有段时间，他们总聚在一起商议买零食的事情。学校不准寄宿生带零食来吃，可在学校里有很多空余时间，吃不到零食真难受。有几个孩子终于想出了好主意——先利用各种机会结识那些不寄宿的孩子，和他们成为朋友，然后将钱和购物清单交给他们。寄宿生们发现走廊的拐角处放着消防箱，而消防箱后面有一个小小的空间。于是他们让代购的同学把买好的零食藏在消防箱后面。等老师不在的时候，他们去取。要不是某次清洁工阿姨打扫仔细发现了秘密，真不知道这样的地下活动会持续到什么时候。

家长会的时间不是很长，当王老师宣布会议结束时，一部分家长没有离开，他们走到讲台前继续和王老师谈着自己的孩子。赵清遥的爸爸也留了下来。

"王老师，我想问一下赵清遥的情况。"

"赵清遥的进步很大。他的理解能力不差，如果基础打得再扎实一些，成绩还会提高。"王老师很熟悉清遥的情况。

"我觉得他在作文方面的基础不太好，您看有什么办法吗？"

"作文是一门讲究积累的功课，理想的作文学习应该是先大量阅读，然后慢慢受到影响，有了表达自己的生活和见解的想法，接下来就动笔写。这时，家长、老师给予个性化的点拨。但在一个班级有几十个学生的情况下，我刚才说的这些是实现不了的。所以，平时写日记写练笔是一种很不错的方法。"王老师说。

王强的爸爸插话说："家里书买了不少，可小家伙就是不愿意读啊。"

王强喜欢数学,同学们遇到数学难题都会向他请教。他不喜欢写作文,总说写作文要花很长时间,解一道数学题只要几分钟。

"我会再和王强谈谈的,先了解他喜欢读哪类书,从喜欢的读起,养成阅读习惯后再读别的。还有一个办法是家长和孩子一起读,读完了,要交流心得,这样效果最好。另外,千万不要说多读书是为了写作文这样功利的话。"王老师详细解答。

"王老师对写日记有什么具体要求吗?"清遥的爸爸问道。

"日记大致可以分成观察日记、生活日记、随感日记。观察日记,就是仔细观察事物,然后细致地描写出来。生活日记,就是记录生活中的琐事。随感日记,就是记下当天经历的事或者见过的人、物,然后再抒发自己的感想。不同的日记有着不同的作用。当然对于小学生来说,他们不需要知道这些。只要他们有了写日记的兴趣,体会到了写日记的快乐,自然会根据材料选择合适的表达方式的。我没有特别的要求,真实、通顺就可以。"

"日记很重要,可是孩子不乐意写,怎么办呢?"清遥的爸爸问。

"我正要说这个问题。日记大都在晚上写,所以家长最好经常和孩子聊天,引导孩子把看到的、想到的、听到的都尝试着写下来。心里有什么,笔下就写什么,话怎么说,字就怎么写。有话则长,无话则短。要引导孩子及时地写,如果不及时,有些感受就会淡忘。还有,一开始,最好不要强迫孩子每天写。毕竟现在的小学生要学的东西很多,负担很重。"

"日记不是应该天天写吗?"一位家长插话道。

"是的,日记顾名思义应该天天写。但有时如果孩子真的没有什么可写,就算了。否则,反而弄得兴味索然。时间久了,只要孩子有了兴趣,自然能天天发现材料,天天写的。孩子写好日记给你看,要多鼓励鼓励,真诚地交流你们的想法,让孩子得到成功感。如果孩子不愿把日记交给家长看,也不要强求。为孩子营造一点神秘感,能激发他们坚持下去的愿望。"

清遥的爸爸一边听一边点头。

"王老师,不好意思。我再问个问题。"鲁历的妈妈说道,"我们家鲁历很喜欢写小练笔,有时写好了给我看,我也觉得很有趣。他还特别喜欢您每次的练笔点评课,如果您宣读了他的作文,回到家他会高兴很久。但我发现有时考卷上的作文他总发挥得不太好。这是什么道理呢?"

话音刚落,几位家长都说自己的孩子也是这样。

"平时写日记,写小练笔,几乎就是让孩子们想写

什么就写什么，想怎么写就怎么写。没有了拘束自然就喜欢。上次，班级里有个孩子写自己在外尿急，结果找不到厕所，只好在一棵大树背后小便。我给了他很高的评价。在大人眼里这是不上台面的事，而在孩子心里则是很好玩的。他能写出来，我就要保护他的童心。"王老师停顿了一下，"而考卷上的作文，包括教材里规定要写的作文是有一定要求的，加上考试时思考的时间比较短，气氛也紧张，有时发挥不理想是正常的。慢慢来，不要急。我们不要把小练笔和考试作文对立起来。写没有要求的作文，可以激发习作的兴趣。写有要求的作文，可以锻炼孩子的思维，都有用的。"

王强的爸爸又插话说："王老师，有人认为写考试作文会扼杀孩子的想象力和创造力，您怎么看？"

王老师笑起来："凡事都有个度。如果做得过头了，可能会对孩子有些影响。但在我们班，绝对不会出现这样的情况。"

家长们听了，也笑起来。

王老师打开讲台上的电脑，将一篇作文投影在幕布上："这篇作文是我过去的学生写的。那年暴发'非典'，我在报纸看到毕淑敏的一篇《假如我得了非典》，文章用排比段的方式写成。我读给全班学生听。没想到在一个月后的毕业考试中，班级里有三分之一的孩子不约而同地用了排比段的形式写作文。这是其中最好的一篇。这个孩子通过小练笔练就了一双善于发现的眼睛,不管是写作文还是小练笔,总有新鲜的素材。通过教材规定作文的学习锻炼了思维,掌握了习作方法。她把两者结合得很好。"

我想永远当小孩

不少童话书里都有这样的故事,某个小孩永远也不长大,他(她)一辈子都可以当小孩。

童话毕竟是童话,愿意怎么编就怎么编,哪怕你说小猫可以变成人也没关系。而现实生活中则绝不会出现这样的事。可我,宁愿相信,我可以一辈子当小孩。

有时,我真的很怕长大。因为长大后,爸爸妈妈也会逐渐衰老,直到死去。而我却实在不想失去他们。因此,我真想永远当个小孩,永远与爸爸妈妈在一起。听妈妈为我讲故事,跟爸爸一块儿打乒乓球。

有时,我真的很怕长大。因为长大后,我就要踏入社会,为生活四处奔波。当我受上司责备时,也只能把眼泪往肚里咽,而后还要笑脸迎人。因此,我真想永远当小孩。永远不用为吃喝发愁。当我受到别人责备时,可以向父母哭诉,不必把那份委屈憋在心里。

有时,我真的很怕长大。因为长大后,我就会像所

有大人一样。为了一个科长的职位而勾心斗角，不惜花重金开后门、找关系。为了涨区区几百元的工资，甚至可以出卖好友。因此，我真想永远当小孩。小孩的世界很纯洁，没有金钱地位的说法。在小孩的世界里，你会感受到一种十分真诚的友谊。

有时，我真的很怕长大。因为长大后，我也会有一个自己的小孩。从那以后，我就会整天忙碌，为孩子和家庭操心。不仅如此，我还要教育孩子，送他（她）上学，监督他（她）读书、做作业……然而即使如此，我能成为一个成功的母亲吗？因此，我真想永远当小孩，永远不为这一切操心。

尽管我十分希望能永远当小孩，然而幻想总是幻想，现实永远是现实。我终归会长大，会走上社会，会有属于自己的家庭与小孩……但不管如何，只要保持一颗童心，我就可以永远当"小孩"。

"不瞒大家说，我第一次读这篇作文时落泪了。因为它让我想起当时刚去世的父亲。"王老师转头看了看屏幕说，"这样的作文不是老师能教出来的，而是小作者自己悟到的。老师能做的只是帮助孩子们掌握基本的习作规范和启发点拨。"

家长们频频点头。

王老师谈兴越来越浓:"我平时教孩子们学作文除了日记小练笔、教材作文,还有应用文。等孩子们长大,应用文对他们而言很重要。"

"是吗?"王强的爸爸很好奇。

王老师一边操作电脑一边说:"我们学校有寄宿部,大家都知道,寄宿生难管,常常出点小状况。我就到寄宿班里组织了一个研究小组,组织他们开展调查,学写调查报告。"屏幕上出现了一份调查报告,看得家长们啧啧称奇。

《宿舍二十点至二十点三十分的情况调查》

一、问题的提出

我校是一所含寄宿部的公办小学。校方尽力将寄宿生每天的生活安排得丰富、有益,使寄宿生们在离开父母的日子里能学好功课,掌握各种应该掌握的知识。但是,每天晚自习结束到熄灯睡觉的半个小时里,整栋宿舍楼都是闹哄哄的。针对这个现象,我们研究小组进行了调查。

二、调查的基本情况

(一)调查内容及对象

调查对象:二至四年级的寄宿生

调查内容：

1. 观察部分寄宿生在20:00至20:30分的情况

2. 了解调查对象对每天20:00至20:30分的活动安排建议

（二）调查方法

观察法、访谈法

（三）具体分工

观察组：林胜影、戴言、郁飞

采访组：张飞羽、倪文静

三、调查的结果

调查一，经过连续三天的观察，结果列表如下：

男生宿舍情况（共调查28人）

现象	人数	百分比
学习	4	14%
游戏（主要是踢球）	12	43%
聊天	5	18%
争吵	5	18%
其他	2	7%

女生宿舍情况（共调查131人）

现象	人数	百分比
学习	22	17%
游戏（主要是唱歌、讲故事、跳跃）	63	48%

续 表

现象	人数	百分比
聊天	18	14%
争吵	6	4%
其他	22	17%

调查二，用访谈的形式了解部分寄宿生最希望在20:00至20:30分安排什么活动，结果列表如下：

男生（共10人）

所希望的安排	人数	百分比
学习	2	20%
游戏	6	60%
玩电脑	2	20%

女生（共21人）

所希望的安排	人数	百分比
学习	5	24%
游戏	10	48%
玩电脑	2	9%
其他	4	19%

四、结果分析

1.从调查结果来看，每晚20:00至20:30分这段时间竟然有18%的男生和4%的女生在争吵。这对别人和自己都不好。

2.有将近一半的同学利用这段时间做游戏。这是因为经过了一天的学习，大家需要放松放松。但是，由于

没有必要的游戏器材，游戏内容不丰富。

3.两个调查的结果基本一致，近一半的同学希望利用这段时间放松。

五、我们的建议

1.建议学校为寄宿生购买一些游戏器材，请老师组织大家在这段时间里开展各种有益的游戏活动。

2.建议学校在宿舍里开设学习角和聊天室。

3.建议老师经常教育那些顽皮的同学要守纪律，不要在睡觉前做激烈的运动，如踢球。

执笔：林胜影、戴言、张飞羽

夜色已沉。校园里的灯显得格外明亮。

13　两封信

早上,刚走进教室,鲁历就问赵清遥:"信收到了吗?"

"没有,昨天傍晚我检查过信箱了,里面只有报纸,没有信。"清遥一边取出作业本一边说。

"怎么搞的,市内通信很快就能收到。我给你的信已经寄出两天了,怎么会收不到呢?"鲁历迷惑不解。

清遥看着鲁历说:"你想一想,信封上的地址是不是写错了?"

"不会吧,我们住在一个小区里,地址差不多,怎么会写错。"鲁历摇了摇头。

事情是这样的:

前几天,王老师教大家学习写信。他说,书信是人们日常生活中常用的一种文体。通过书信,人们可以和亲朋好友商量事情,汇报工作、学习情况,交流信息,交流思想感情。虽然现在通讯方式很多,但有些信息用书信表达更好。所以,学习写信是很有必要的。同学们平时大都没机会写信,也不会写,现在听说要学,都来了兴趣。尤其是王老师说,写完后,可以给同学或老师

写一封信，贴上邮票，寄过去。这比在电脑上发电邮有趣多了。昨天中午，鲁历就收到了清遥写给他的信。可他写给清遥的信却还不见踪影。

说起写信，还真有些复杂。它不像一般的文章，有材料就可以写，书信有固定的格式，写的时候必须按照格式一步步地做。

王老师说，书信是由两部分组成的，一是信封，二是信瓤，也就是内文。接着，他取出一只信封给大家看。

标准信封的左上角有六个小方格，那是用来填写邮政编码的。这时，林丽举手问，为什么要写邮政编码呢？王老师说，中国国土辽阔，为了使信件能更快更准确地传递，邮政部门给全国每个县市都编了一个数字代号，以便分拣。它们都是六位数的，这就是邮政编码。如果信封上不写邮政编码，就会给邮电部门带来投递上的不便，使信件无法及时到达收信人的手中。

在收信人的邮政编码下要写上收信人的详细地址。寄到本市的要写清XX路XX弄XX号XX室。寄到外地的还要加上省名、市名、县名，等等。如果是寄到农村的，镇名、村名等也要写清楚。

写完地址，再在信封的中间写上收信人的姓名。在收信人姓名下面，还要详细地写出寄信人的地址和邮政编码。因为如果收信人的地址变动了，或者你把收信人的地址写错了，那么信就能被退回来。不写寄信人的地址，万一信寄不到对方手里，也就回不来了。另外，写上寄信人的地址，也方便对方回信。

"信封的格式就是这样，很重要，千万不能写错。"王老师认真地讲。

"王老师，您还漏了一步。"陈芳突然说，"您还没贴上邮票呢。"

大家哈哈大笑起来。

王老师继续说："书信的内文也是由五个方面的内容组成的。首先是称呼。给不同的人写信要用不同的称呼，称呼中应该体现出礼貌。称呼别人，不要连名带姓地都写上去。写称呼时，应该从第一行顶格写起，称呼的后面加上冒号，表示要说的话在后面。"

王老师一边讲一边在黑板上画了一张大大的信纸。

同学们见王老师在黑板上画了一张大信纸，都很好奇。

王老师继续讲解。

正文是书信的主要内容。信与普通文章是有区别的。写信的目的是沟通情况，所以一般不用过多地描写、铺陈。围绕重点，讲清事情，表达出自己的真实情感，不要啰嗦。根据收信人的不同，还要注意信中的语气运用。如果信是写给长辈，要用上敬语。

另外,作为礼貌,在正文的开头,不要直接谈正事儿,而应该先向收信人致以简短的问候。比如:你好,最近忙吗?身体如何?等等。如果对方曾经给你写过信,你就得写上"信已收到"之类的话。正文还可以适当分小节来写。

说到这里,鲁历忽然举手发言:"王老师,上次我看见我爸爸接到一封信,开头写着'大函诵悉'。我看不懂,就问爸爸。爸爸说,这就是说对方已经收到了爸爸的信。"

"是的。这是一种很文雅的说法。类似的说法是古人写信时常用的。古人写信是很讲究用词的。如果大家有兴趣,我可以推荐一些相关的书给你们。如果能多读一点古人的书信、尺牍,那么你动起笔来一定会既得体又文采斐然。"

王老师接着说,正文写完,要写上祝愿的话。格式有两种。一种是在正文后面不换行,紧跟上"祝""祝您""此致"这样的字词。然后换行顶格写上祝愿的内容,比如:"万事如意""健康长寿""敬礼"等词。

这时,陈芳插话问:"王老师,为什么要顶格写呢?"

"顶格写,是表示对收信人的尊重。"王老师回答。

第二种是把"祝""祝您"这样的字词写在正文下面一行,开头空两格。祝愿的内容依然要换行顶格写。

最后,在祝愿语的下面一行的右方写上自己的名字。名字下写上日期。

王老师一边说一边把要点写在"信纸"上。讲解结束,黑板上好像出现了一封信。

傍晚,鲁历背着书包走到自己家的信箱前,不禁又想起了自己寄出去后杳无音讯的信。他打开信箱,取出报纸。咦!报纸里夹了一封信,又是哪个同学给我写的?鲁历一边想一边把信封翻过来。

"赵清遥收。"鲁历念着信封上收信人的名字。赵清遥的信怎么会投到我家的信箱里来了?鲁历纳闷。可再一看,不对啊!这封信不就是自己写给清遥的吗?这是怎么回事?这时,鲁历忽然发现,信封上收信人的地址和寄信人的地址上都画了一个红圈。仔细一看,鲁历情不自禁地一拍自己的脑门:"我怎么这么粗心!"原来,鲁历把收信人的地址写成自己家的地址了。信封上的两个地址都是鲁历家的,清遥怎么会收得到呢?

回到家,鲁历来到电话旁,想给清遥打电话,告诉

他关于信的事情。可转眼一想,这封信没有寄成功,我应该再寄一封,把这件事情写在信里告诉他,这才有意思啊!想到这儿,他放下电话,坐在写字台前,铺开信纸,写了起来。

清遥:
  你好!
  我想,你还在为那封我寄给你的迟迟不到的信担忧吧。现在,我来告诉你,那封信没有丢失。它又回到我家来了。
  今天下午,我在取报纸时发现它正躺在信箱里。原来由于我家和你家的地址很像,我在写信封时,一不留心,就把收信人的地址写成我家的地址了。你看我多粗心。
  看到这里,你一定忍不住笑出声了吧。说实话,我自己也觉得很好笑。幸好,这只是一封普通的信。如果是什么要紧的事情,不就耽误了吗?看来我一定要改掉粗心的毛病。
  祝
好

         你的朋友 鲁历
         三月五日

14　难忘的灯展

何园建成于清代,主人是当地一个大商人,是一座典型的江南园林。园子中心有一个大水池,池水与外面河水相通。池中央建了一座凉亭,可供人们纳凉。以前主人还会找来戏班子在凉亭里演戏。据说池水能起到扩音的作用呢。池边是园内的主楼,一共两层。第二层连着弯曲的长廊,沿着长廊走一圈,园内的景致尽收眼底。长廊将园子分成两部分,每个部分中又有一些白墙围出更小的庭院。白墙上有漏窗,还开有小门。墙内、墙外可以相望,可以走动。出一道门、进一道门都别有洞天。园子里有不少假山,形状奇特,姿态各异,让人流连。园子里到处栽种着各类花草树木,不同季节有不同的景致。园子不大,名气不小,如果静下心来走走、看看,也得两个多小时。

最近,何园里正在举办灯展。这一天,清遥和鲁历吃过晚饭来到何园。远远的,就看见大门两旁挂着两只大红灯笼,把深红色的大门照得喜气洋洋。

走进何园，只见大大小小的屋子门口都挂着红彤彤的灯笼，把周围照得亮亮的。灯真多啊！清遥暗暗赞叹。柱子上盘着龙灯，龙头向上，龙尾朝下，龙眼溜圆，龙须在微风中一颤一颤的。瞧这神气样儿，它们还真像要飞到天上去似的。池子里"开着"荷花灯。荷花要到六、七月间才开放，可这里的"荷花"却等不及了。它们将粉红的花瓣尽力绽开，仔细一看，花瓣上还滚动着一颗颗晶莹的露珠呢！吸一吸鼻子，仿佛真有一股清香随风飘来。"真漂亮！"鲁历情不自禁地说。

"你看，你看。那是什么？"清遥指着池里说。

"一只青蛙嘛。哎，青蛙怎么会……"

"那是只假青蛙！"清遥笑着说。

"真像啊！"鲁历睁大眼睛看着那只停在荷叶上的大青蛙，好像生怕它在自己眨眼睛时逃走似的。

赵清遥和鲁历随处走着，游人渐渐多起来了，耳边不时传来说笑声、议论声。老人们笑眯眯地看着一盏立体的"天女散花"灯，不住啧啧称赞。那"仙女"端立在祥云上，一身洁白的衣裙。她面含微笑，一只手挎篮，另一只手正将花瓣撒向人间。

花厅里最热闹，这里聚集了不少孩子。"看'金鱼'游起来了！""'金鱼'吐泡泡了！"孩子们稀奇地仰着头看着那盏挂在花厅中央的"金鱼吹泡"灯。这条金鱼可真大，足有二尺来长。身上披着金色的鳞甲，在灯光的照射下熠熠生辉。"金鱼漂亮不漂亮，要看它的尾巴。"清遥对金鱼很熟悉。鲁历回过头说："这条金鱼漂亮吗？""当然漂亮，你看它身子短，尾巴长，做得多逼真。""金鱼"不单制作得漂亮，而且它的鱼鳃还能一张一合，肚子还会一起一伏，仿佛正在水里畅快地游动着。

"我们上假山看看。"清遥拉着鲁历登上了山顶。假山不高，可在园子里却是制高点。在山顶，不时有阵阵凉风拂面而来，令人舒爽。放眼看去，整个何园一片灯火，亮如白昼，到处闪着迷人的光彩。

几天之后，清遥在教室里见到了鲁历的作文。这时王老师正好走过来，就和清遥一起看。

参观灯展

前天夜里，我和赵清遥到何园观看灯展。

一进何园的大门，只见远近屋檐下挂着一个个红彤彤的大灯笼，把四周照得如同白昼。屋前、屋后还有不少花灯，真好看！

最引人注目的是"天女散花"灯。身披长长彩带的"仙女"正微笑着把鲜花撒向人间。"天女散花"灯旁还有"二龙戏珠"灯。它们盘在柱子上张牙舞爪，似乎一心要把宝珠吞下去似的。

在池塘边，我看见了粉红色的荷花灯，做得真像。如果不仔细看，根本看不出来是假的。这时，赵清遥对我说："你看荷花上有什么？"我往池子里看了看。啊！那不是一只青蛙和一只蜻蜓吗？我正在纳闷，园子里游人那么多，它们怎么没被吓走呢。清遥笑起来，我一下子明白了，它们是假的。

另外，我们还看见了一只"大金鱼"灯。它的鳃和肚子都能动，像活的一样。难怪有不少小朋友在那里围着看。

最后，我们登上了假山。在这儿能看到园子里的全景。一片灯光，真是灯的海洋啊！

啊！何园多么美丽啊！

看完，王老师说："走进何园，除了屋檐下的红灯笼外，还有走马灯啊，你怎么没有写啊？"

"咦？您怎么知道？"鲁历很奇怪。

"我也去看过灯展了啊。"王老师笑着揭开谜底。

"如果我来写这篇参观记，我会这样写：第一，按照参观的顺序，也就是地点变化的顺序，写清楚参观的线路。参观，往往要走过很多场所，看到许多景物，如果你不写出参观的各个地点，那么读者就好像身处云雾之中，模糊一片。"

鲁历插话说:"是不是要在各节开头写上交代地点变化的过渡句?"

"对。过渡句的作用是承上启下,总结上文,总起下文。参观记中,一节写一个地点,要把它们联系在一起只能用过渡句。比如,你前一节写大厅,后一节写水池,那么水池这一节就可以用'走出大厅,我们来到水池边'这句话开头,这不就把两节连起来了吗?"鲁历听得很认真。

王老师接着说:"等写完文章,你把过渡句收拢在一起,看一看,那就是一条参观的线路。所以,过渡句在参观记中的作用是很大的,一定要用好。第二,安排好内容的详略,突出重点。参观的地方很多,看到的景物各种各样。如果每个部分都用力相同,没有轻重,没有详略,别人就会觉得单调乏味。"

"那怎么分出详略呢?"鲁历又问。

"你在参观灯展时,什么灯给你的印象最深?"

"是'金鱼吹泡'灯和'荷花'灯。"鲁历回答。

"那么,你就把这两种灯写得具体些。印象深,就说明看得仔细,感受较多。这样,写起来就能得心应手。另外,如果在参观时,看到了一些新奇的东西,也可以详细写。详略还可以根据文章的中心来确定。比如,你想突出景物的美丽,那么就把看到的最美的景色详写。

如果你想表现整个参观给自己带来的新奇感受，那么就将参观时见到的最奇特的景物详写。"

清遥忍不住问："如果不是写参观记，而是写普通的事情，怎么分出详略啊？"

"你问得好。"王老师坐下来说，"写人记事文章的详略也是根据文章的中心来定的。如果写一件事，就把过程中最能反映人物或者事情特点的部分详细写。"

王老师停了停，接着说："如果写两件事，同样，就把最能体现人物、事情特点的，自己比较熟悉的那件事详写。文章有了详略，结构就变得灵活了。别人读了，就会留下深刻的印象。第三，细致的描写加上丰富的联想。细致地描绘出自己参观时见到的景物，是写参观记的首要任务。描写参观对象时，要写清方位、形状、色彩、构造、特色、功能，等等，有时还可以加上别人的介绍。单纯地描写是不够的，最好再根据景物展开合理的联想。这样，既可以充实文章内容，又能在联想中体现出中心。比如，鲁历你在水池边看到'青蛙''蜻蜓'时有感想吗？见到'大金鱼'时，你觉得它怎么样？这些都应该写下来。写下来，文章就不会不具体了。"

清遥和鲁历觉得茅塞顿开。

"鲁历，你的作文也有优点。你写到了人物的语言。写参观记最容易忽略人物的对话。其实想一想，谁参观的时候不问、不听？"

大家都笑起来。王老师站起身来说："你们一起把这篇作文修改一下。我回家也写一篇，和你们比赛……"

"我们哪里比得过您啊？"鲁历说。

"怎么比不了，"王老师认真地说，"你们是二对一呀！"

"哈哈哈……"

王老师又说："写得好一点，我替你们刊登在校报上。"果然，过了不多久，文章真的登出来了。

美丽的灯展

鲁历

前天夜里，我和赵清遥到何园观看灯展。

一进何园的大门，只见远近屋檐下挂着一个个红彤彤的大灯笼，把四周照得如同白昼。变幻无穷的走马灯、五颜六色的万花灯……这万紫千红的灯笼犹如无数奇葩异卉，开满了前庭后院。

我们走进琳琅满目的大厅。这里最引人注目的要算"天女散花"灯了。在茫茫的"彩云"中，身披彩带的"仙女"把一捧捧闪耀着光芒的"鲜花"撒向人间。

"二龙戏珠"灯也很别致。两条"巨龙"分别盘在柱子上，它们张着血盆大口，吹胡子瞪眼睛，摇头摆尾，似乎一心要把宝珠吞下肚去。

走出大厅，穿过喧闹的人群，我们来到池塘边。咦，荷花怎么提前开放了？仔细一看，原来是"荷花"灯。一盏盏"荷花"灯绚丽多姿，粉红的"花瓣"上还滚动着晶亮的大水珠。

这时，赵清遥突然对我说："你看那儿。"

我顺着他手指的方向一看。啊！碧绿的"荷叶"上，还栖息着一只"大青蛙"呢！原来这是"青蛙"灯。翠绿的"莲蓬"上，一只特大的"蜻蜓"正在歇息，两只漂亮的大眼睛不停地转动。"蜻蜓"灯做得真好！

一阵阵小朋友的笑声把我们引进了一间金碧辉煌的花厅。数十盏官灯簇拥着一条"大金鱼"，这便是有名的"金鱼吹泡"灯。尽管它高高悬挂在空中，却如同潜游水底一般，摇摆着美丽的大尾巴。在灯光的映衬下，那鱼鳞还闪闪发亮呢！随着鱼鳃的掀动，"金鱼"的大肚子一起一伏，鱼嘴里吐出数不清的小气泡，有趣极了。

最后，我们登上了高高的假山山顶。居高临下，放眼向四处望去，只见到处都是让人眼花缭乱的灯火。灯火映红了我的笑脸，也映红了何园的山石池水、亭榭楼阁。

啊！何园变得更加美丽了！

15 学做"小医生"

刘立贤是个女同学。长得不高不矮,不胖不瘦,就像她的学习成绩一样,普普通通。她的爸爸妈妈都是外科医生,对她的要求、期望一直很高。在四年级第二个学期的时候,爸爸妈妈再也容忍不了刘立贤的普普通通了,他们特地来到学校,请王老师为自己的女儿做出"诊断",开个"药方",治好这"普普通通"的毛病。

于是王老师开了一张奇怪的"药方"——任命刘立贤担任语文课代表,要求她每天收好全班的作业,做好统计,并主持隔天举行的语文早自修。另外,定期让王老师检查练笔本。(练笔本上的小随笔是她爸爸按照王老师的意思布置的。)王老师还找刘立贤聊了一次,把语文课代表应该做的工作、方法、窍门一一传授给她。虽然刘立贤觉得有些突然,但当王老师问她能不能当好课代表时,她还是立刻说可以。

刘立贤当上课代表以后,每天总是早早地来到学校。同学们交上来的本子,她一组一组地理整齐。谁没来,谁没完成作业,谁忘带本子了,她都统计得清清楚

楚，然后写在小纸片上，与作业本一起交给王老师。每周一、每周三的早晨是语文早自修的时间，王老师让她安排一次读课文，一次默词语。两个星期下来，刘立贤发现，这样太单调了。有的同学因为觉得没意思，就在自修时大声讲话。于是，在每次早自修中，她又增加了些内容。比如，完成小练习，听听课文录音，交流小作文等。有一天早上，校长检查各班早自修情况。刘立贤正在给大家布置小练习。校长见了，十分满意，还在黑板上写上一个大大的"好"字。原先，刘立贤每次测验总考七十八分、七十九分，遇到大考还会再低几分。爸爸妈妈觉得不可理解，平时她的学习态度一向很认真，为什么考试总考不好呢？自从她担任了课代表，这个情况竟慢慢消失了。刘立贤的语文成绩终于越过了八十分"大关"，而且稳稳地"站住"了。

对于刘立贤的进步，王老师既觉得意外，又感到合乎情理。意外的是，她进步的速度这么快。早知如此，应该多为她创造一些锻炼的机会。感到合乎情理，是因为她本来的基础就不错，现在有了施展的机会，自己又更加努力了，当然可以获得好成绩。

不过，在刘立贤的作文里，王老师也看到了一些不足。于是，在今天的作文课上，每位同学都拿到了一篇打印好的作文。

妈妈的唠叨

刘立贤

我的妈妈中等个子,圆圆的脸总对我笑眯眯的,我很喜欢我的妈妈。她最大的特点就是不论大小事儿,都要对我唠叨个没完。

记得有一次春游的时候,同学们已经在门外等我了,可妈妈还在唠叨:"立立,把绒线衫带上,不然要着凉的。"我无可奈何只得把绒线衫塞进包里。但她又说:"钱带了吗?等一会儿饿了,自己再买些糕点。""钱都带了!"我不耐烦地回答。但她还不放心:"削水果的小刀也带上吧!"顺手又把小刀塞进了我的口袋。我着急地说:"妈妈我走了。"可她还在唠叨:"路上要小心,当心车子!累了自己注意休息。"我已经走下楼梯又听到了她的话:"早点回来,不要在马路上玩,不要跟同学吵架,要听老师的话……"

我来到学校上了车,只见妈妈也跟了上来:"立立,坐在靠窗的位子,免得晕车。"她那喋喋不休的话真让我够烦的了。"知道了!知道了!"我对她说道。校车开动了,只见妈妈的嘴还在动,但不知道她在说什么。

你看,这就是我那爱唠叨的妈妈。在妈妈的眼里,

我永远是只刚出壳的小鸡仔。她要永远保护我，为我奔忙，为我操心。我知道妈妈是为我好，关心我。可我已长大了，会自觉做好每一件事的。妈妈您就放心吧。

　　刘立贤见发下的是自己的作文，脸上露出了奇怪的神情。

　　"大家拿到的作文是刘立贤同学写的。"王老师说，"虽然她最近的进步很大，但在作文中还有一些缺点。这些缺点在其他同学的作文里也常存在。好文章都是不断地修改之后才出现的。我们今天就来学做一名'小医生'，帮助刘立贤同学为这篇作文做一下'治疗'。学会'治疗'方法后，将来也可以为自己的作文'治病'。"同学们都笑了。只见王老师转身在黑板上写了几行字：一、通读文章弄清主要内容和中心思想。二、找出错字、病句以及用得不对的标点进行修改。三、复查一遍。

　　王老师请林丽把三条要求读了一遍，解释道："修改作文的要求归纳在一起共有这样三条。第一条讲的是不管文章好坏如何，你要改就得先看一遍。了解了作者的写作意图，修改才能顺着作者的本意进行。修改文章不是重写，所以原文的主要内容不要改动。如果手中的作文一点都看不明白，这时才能要求作者重写。"

鲁历举手问:"如果修改自己的文章也要先看一遍吗?"

"是的,"王老师说,"即使是自己的作文,修改前也应该仔细读一遍。这样,改动起来心中有了全盘考虑,就不会顾此失彼了。第二条中的改错字、标点比较容易,但改病句就要复杂一些了。病句有两种,一种是不合规范,有语病,别人看不懂。另一种是别人能看懂,但读起来别扭。要改第一种病句,得牢记我们学过的常见病句的形式。比如,搭配不当、前后矛盾、顺序颠倒,等等,找到'病因',才能'治病'。要改第二种病句,则得靠反复地朗读。这种病句的形成,主要原因是作者语感较差。所以平时读书多的人,改这种病句就会觉得很容易。另外,修改病句同样不能改变文章的原意。第三条的意思是修改完后再检查一遍。下面,请同学们根据这三条的要求找找这篇作文里的缺点。"

大家低头仔细读着刘立贤的作文。几乎所有人都觉得作文没有什么大问题。因此,看完后,没有人举手发言。但过了一会儿,林丽举手了。她站起来说:"刘立贤写对话时没有分行。"大家一听,笑起来,这算什么缺点啊。

又等了一会儿,见没有动静,王老师就自己说起来:"开头'我的'两字可以去掉,因为全文只写了作者的妈妈,别人不会搞错,所以不用加以限制。'中等

个子',改成'个子不高'。这样读起来更顺口。后面半句,有什么问题?"

郑华说:"不应该'脸'对'我'笑,而是妈妈对'我'笑。"

王老师说:"毛病找出来了,所以这半句话应该改成'圆圆的脸上常挂着一丝微笑'。"

郑华紧接着又说:"后面'我的妈妈'要改成'她',否则,一句话中就重复出现两个相同的称呼了。"

"这一节的第二句话介绍了妈妈的特点——唠叨,这是一个小小的缺点,与前一句形成转折关系。因此,句子开头加一个词'然而'。'特点'改成'缺点',句末'没完'后面加'没了',语气就完整了。"

第一节改完了。王老师请刘立贤读一下,果然顺畅了许多。

"第二节开头交代时间应简明一点,把'记得有一次'删去,把'时候'改成'那天早上'。'同学们已经在门外等我了',意思是同学们等了很久了,所以把'已经'删去,在'等我'后面加上'好久'。'不然要着凉的'这句话虽然通顺但还不能很好地体现妈妈对我的关心,改成'小心着凉'。这句话粗粗一读,并不觉得有什么问题。但这样一改,不是表达得更好了吗?"

说完,王老师让大家反复读第二句话。

过了一会儿,沈池说:"'只得'已经有'无可奈何'的意思了,'无可奈何'应删去。'我'把绒线衫塞进书包里是因为'我'听到了妈妈的话,所以'我'后面应加上'听了'二字。"

"改得很好。"王老师说,"后面几句话都是人物的语言描写,都描写了妈妈的唠叨,所以改动时要注意提示语的变化以及每次妈妈唠叨之后,'我'的不同反应。还要注意,妈妈虽然唠叨,却是很关心'我'的,这是文章的中心,修改句子应该围绕中心来思考。

"第三句中缺少一个与前一句连接的时间词,因此把'但'改为'过了一会儿'。'钱带了吗'应改为'钱带够了吗'。因为一般出门郊游,总会带钱,加一个'够'字就可以体现妈妈对'我'的关心。'等一会儿'多余,删去。'再'表示第二次。妈妈说话时,作者还没买过糕点,怎么能用'第二次'呢?所以也删去。'糕点'后加'吃吧',写出目的。"

这时,沈池又举手了:"后面一句我会改。把'钱都带了'改成'带够了!带够了!',这样就和前面对应起来。"

王老师笑着点点头继续说:"'削水果的小刀也带上吧!'之前应加'把'字。'顺手'之前应加'说着',

这样就把前后两句话连起来了。'顺手'后面的'又'也表示第二次，删去。句末加一个'里'字，交代方位。'我着急地说'又和前面一句连不起来了，因此在'我'后面加上'见她没完没了'。既连接句子，又写出'我'的感受。另外，这句语言的提示语是'着急'，但语言中却没有把着急的情绪体现出来。所以'我'的话应改成'妈妈，我得走了。不然要迟到了'。后面一句，谁会改？"

鲁历站起来说："第八句的提示语跟第一句重复了，可以在'唠叨'之前加'一个劲地'。'当心车子'与'小心'重复了，要删去。累了，当然是自己休息，不可能让别人替你休息，所以'累了自己注意休息'改成'累了要注意休息'。"同学们听了鲁历的最后一句话，都忍不住笑了起来。

"第二节中的最后一个提示语应改成'我已经走下了楼，还听到她在喊'。原来的句子读起来不流畅。

"第三节写了妈妈跟着'我'来到车上，继续唠叨。与前一节比，程度更深了。所以提示语应改成'谁知妈妈也跟着上了车，指手画脚'。'谁知'和'指手画脚'把妈妈唠叨的程度生动地刻画出来。妈妈的话应改成'立立，拣靠窗的位子坐，免得晕车'。一个'拣'字写出了妈妈对'我'的关心。

"这一节中作者对妈妈的唠叨已经十分讨厌了，而提示语中,并没有表现出来。所以'我'的提示语改成'我再次不耐烦地说'。"

"我们去春游从不乘校车,文章里写'校车开动了',与实际情况不符合。"林丽大声说。她终于找出了一个问题,很高兴。

"所以应该把'校'字去掉。车子开动了,'我'在车上,妈妈在车下,'只见'之前应加'隔着窗',把方位写清楚。'嘴还在动'后加'着'。'但'后加'是我'。'说什么'改为'说些什么'。这几个地方,都有语气不顺的毛病。

"最后一节,作者点明了中心,但有些字词用得不好,影响了抒情的效果。'在妈妈眼里'应改为'在她眼里','妈妈'一词前一句已经用过了。'永远'之前加上'似乎',把语气改得婉转一点。'保护'改为'呵护',表现妈妈对'我'的爱。'我知道'后面加逗号,停顿一下。'妈妈'后面加上'这样做',使句子表达得更完整。'关心我'前加一个'是'字,与前文对应。'可我已长大了,会自觉做好每一件事的'改为'然而我已经长大了,我会自觉地做好每一件事的'。这样改,使语气更强烈了。

"最后一句话,是抒情的高潮,应该独立成段。'妈妈'后加逗号,删去'就'字,便于朗读。"

同学们一边认真地听着王老师讲解，一边专心地修改着。话音刚落，修改也完成了。大家长长地出了一口气，看看纸上那密密麻麻的修改符号，仿佛完成了一项重大的工程。

一天后，王老师把修改好的文章也打印出来了，发给大家。

妈妈的唠叨

妈妈个子不高，圆圆的脸上常挂着一丝微笑，我很喜欢她。然而，她最大的缺点就是不论大小事儿，都要对我唠叨个没完没了。

春游的那天早上，同学们在门外等我好久了，可妈妈还在唠叨："立立，把绒线衫带上，小心着凉。"我听了只得把绒线衫塞进包里。

过了一会儿，她又说："钱带够了吗？饿了，自己买些糕点吃吧。"

"带够了！带够了！"我不耐烦地回答。

但她还不放心："把削水果的小刀也带上吧！"说着，顺手把小刀塞进了我的口袋里。

我见她没完没了，着急地说："妈妈，我得走了。不然要迟到了。"

可她还在一个劲地唠叨："路上要小心，累了要注意休息。"我已经走下了楼,还听到她在喊:"早点回来,不要在马路上玩,不要跟同学吵架,要听老师的话……"

我来到学校上了车,谁知妈妈也跟着上了车:"立立,拣靠窗的位子坐,免得晕车。"她那喋喋不休的话真让我够烦的了。

"知道了!知道了!"我再次不耐烦地说。车开动了,隔着窗只见妈妈的嘴还在动着,但是我不知道她在说些什么。

你看,这就是我那爱唠叨的妈妈。在她的眼里,我似乎永远是只刚出壳的小鸡仔。她要永远呵护我,为我奔忙,为我操心。我知道,妈妈这样做是为我好,是关心我。然而我已经长大了,我会自觉地做好每一件事的。

妈妈,您放心吧。

"刘立贤同学的这篇文章取材真实,写得很细致。尤其是人物的对话描写,花了不少心思。大部分提示语和语言都写得合乎要求。所以,一开始我请大家来做小医生,为她的作文'看病'时,没有人找到缺点。当然,现在我们看到了,有些句子里存在语病,如用词前后重复,句子缺少成分,写得不完整。有些句子虽然没有语病,但写得不通畅,少字多字,前后缺少联系。个别词

语用得不合适。这些情况在大部分同学的作文里都出现过。我想，今后可能还会出现。不过，大家只要按照先读、后改、再读的顺序去修改，加上平时多练习朗读，培养正确的语感，并掌握学过的修改病句的方法，那么同学们一定会成为'文章病院'里出色的医生。"

　　课后，王老师发下一篇作文。他说，文章中有五个地方画出了横线。横线上的文字需要修改。他要求同学们两天内完成。作文下面还有六种常用的修改符号，分别是删除、删改、转移、颠倒、添加、换行。

16　出奇制胜

陈芳正在房间里做作业,妈妈走了进来。

"妈妈,你今天怎么回来得这么晚啊?"陈芳抬头问。

"你不是一直想参加市合唱团吗?我从报上看到,这几天他们正在招收新团员。所以下班后我就赶过去,费了一番周折才拿到一张报名表。就在我包里。"

"太好了!"陈芳大叫一声,去拿报名表。

陈芳喜欢唱歌,是校合唱团的主力。每次演出,她都是站在第一排靠中间的位置上。音乐老师说她嗓音清亮,咬字清晰,仪表大方,是块"好材料"。加上她已经学了好几年钢琴,不管是音准、乐理还是节奏,都有很扎实的基础。也正因为如此,当她得知合唱团里有一个同学考进了市少儿合唱团时,就发誓一定也要考进去。

"妈妈,是这张吗?"陈芳取来了报名表。

妈妈侧过头一看:"对,报名的人可多了,听说在一千个里头选三十个。竞争很激烈。比赛时带好这张表,唱一首歌给考官听。"

"歌是自己选的吗?"

"是的。有把握吗？"妈妈问。

"有——"陈芳故意把声音拖得很长。

"嗯！有志气！"妈妈笑着说，"作业做完了吗？"

"只有语文作业了。"陈芳说，"今天王老师给了我们一篇外国小朋友写的作文，题目叫《红气球》。可文章缺少结尾，让我们补上。"

"外国小朋友写的作文？"妈妈很有兴趣。

"我来念给你听听，正好给我出出主意。"陈芳转身拿来稿纸，念起来：

"这一天，男孩子杰尼斯领着小女孩阿林卡来到大街上玩。街上站着一个妇女，正在卖气球。阿林卡一见到这位妇女，便不由自主地停下脚步。她是多么想有一个气球呀。杰尼斯身上没带钱，而阿林卡掏遍了所有口袋，终于找到一个十戈比的硬币。于是妇女指着手中的一大堆气球：红的、蓝的、绿的……让孩子们任选一个。阿林卡毫不犹豫地取过一个大红色的，然后拽着杰尼斯就往家跑。在路上，阿林卡突然把缚气球的线递给杰尼斯。杰尼斯接过线，他感到气球虽然无声无息，而向天空腾飞的劲却很大。于是他把握线的手稍稍一松，气球就趁机挣脱了他的手。

"红气球在杰尼斯头顶上停留了一刹那后，猛地向天空冲去,很快就飞过了路灯。'快抓住它!快抓住它!'阿林卡边嚷边跳,拼命挥舞着两只手。可是杰尼斯却站在那里,抬头望着越飞越高的气球。这时候,路上的行人都收住了脚步,围在一起向高空眺望。红气球很快就飞过了大厦的顶层,只见有个人从顶层的窗口探出身子向气球挥了挥手。

"红气球悠悠地向高空飞去,飞去,渐渐地变成了一个小黑点,终于消失在云外了。围观的人群散了,各人又去干各人的事情。

"……"

"妈妈,你说,这件事情的结尾会是怎么样的?"

"这件事很平常,但结果会怎样,我说不好。你们王老师真有主意,弄这么道题目考你们。"

"大概是想让我们变得更聪明吧!"陈芳笑着。

"为了让我的女儿更聪明,这道题,我就不发表意见了,你自己去想。写完作业,你还得选首歌呢。时间很紧了。"

作文课上,王老师让大家取出写好的文章结尾。交流开始了。

杰尼斯带着阿林卡回家了。一路上，两个人都闷闷不乐的。好几天，他们都没有说话。

阿林卡气极了，大哭起来："你赔！你赔……"杰尼斯没办法，只好赶紧回家。问妈妈要了钱，重新买了一只红气球，赔给阿林卡。这时，阿林卡才高兴起来。

杰尼斯难为情地说："我赔你一只吧。""不用，不用。"阿林卡笑着说，"没关系，我们回家吧。"

气球飞走了，杰尼斯和阿林卡又来到小摊前。他们身上没有钱了，不能再买了。卖气球的妇女从他们的目光中看出了他们的心思。她取下一只红气球，递给小女孩，说："拿去吧，以后遇到我，再把钱给我。"阿林卡高兴极了，连忙说："谢谢，我这就给您取钱去。"说着，便和杰尼斯一起拿着气球，往家跑去。

杰尼斯和阿林卡往回走。一路上，杰尼斯不住地劝阿林卡别生气。并保证，明天一定再来买一个相同的红气球。阿林卡这才消了气。

……

王老师和同学们认真地听着这些发言,还时不时地提出一些小问题,如你觉得这两个孩子是怎样的人?你为什么设计这样一个结尾?等等。被问到的同学详细地回答老师的提问,把自己的设想一一说出来。比如,鲁历认为女孩子大都心眼小,别人弄丢她们的东西,她们肯定会让人赔。而郑华认为,杰尼斯和阿林卡是好朋友。既然是好友,就不会在乎这点儿东西。最多两个人有点儿不高兴而已。赵清遥则认为,杰尼斯是男孩子,气量大,肯定会答应再买一只气球赔给阿林卡。

同学中不断有人举手要求发言,朗读自己写的结尾。读的人兴趣盎然,听的人有滋有味。忽然,陈芳举手问:"王老师,这篇文章原来有结尾吗?"

"有的。"王老师答道。

"那说给我们听听吧,别让我们猜谜语了。"陈芳机灵地说。大家一听这个提议,纷纷说:"说给我们听听吧!说给我们听听吧!"

王老师笑了笑,说:"我本来就要公布'谜底'了,请看黑板。"王老师拿起粉笔写了起来。

杰尼斯带着阿林卡走了。刚走到家门口,小女孩若有所思地说:"如果我还有一个硬币,我还要买一只气球让它飞走。"

短短的两行字，可同学们却看了许久，教室里安静了好一会儿，甚至王老师也觉得有些奇怪了。或许正因为这样，他没有像往常那样请同学读黑板上的答案，而是自己大声地读了一遍。

"看懂了吗？"王老师问。

郑华第一个站起来说："阿林卡想买只气球再放掉，是因为她想让更多爱美的人看到漂亮的气球。"

"你怎么知道的？"王老师接着问。

郑华回答道："当气球飞走时，行人们都停下了脚步观看，大楼里的人探出了脑袋。我是从这些地方看出来的。"

王老师表示满意，又问："谁知道文章说明什么道理？"

沈池站起来说："我想，是让别人分享自己的快乐是幸福的。"

"说得太好了。"王老师高兴地说，"这篇文章的巧妙之处就在结尾。从前面看，文章记述的是一件普普通通的小事。有些同学可能还会认为不值得去写下来。大家刚才交流的结尾，都写得很认真，但就是太普通。不管是杰尼斯赔不赔气球，也不管阿林卡最后高兴还是不高兴，都会因为普通而使文章没有新意。

"本文的新意源于小女孩的无私。一般情况下，失去一只喜欢的气球，人们会感到失望、懊恼，很少会去注意别人的行为,更不会去体味别人是不是也觉得自己的气球漂亮。但文中的小女孩却注意到了、体会到了。因此,文章的结尾没有失望的味道,而是通过小女孩的语言传达出了一种美好的情感。于是,简简单单的一句话点出了文章的中心,体现出小女孩的无私,使一件普通小事变得不普通。"

听到这里,郑华忍不住对陈芳说:"真想不到,一句话、一个结尾有这样大的作用。"

"是的,这就是'新意'的作用。"王老师听到郑华的话,"打仗讲究出奇制胜。写文章也要出奇制胜,那就是写出新意。"

"那怎么才能写出新意啊?"鲁历问。

"第一,要学会认真观察生活。日常生活中的人、事、景、物都应该去仔细观察,并且记住。只有看得多,见识广,才能使自己的思维更灵活、更周密。

"第二,要学会不按常理思考问题。'不按常理'不是胡思乱想,弄出些荒唐可笑的念头。而是指在观察的基础上去发现生活中更多的别人没有发现的闪光点,是指从一个新的角度去思考问题,理解事物,打破常规思路。比如《红气球》中,作者没有写丢失气球后的失望,而是说如果有钱的话,要买一只气球放掉。按常规,丢失了东西,总希望不要再有第二次。但作者打破

了这个常规，找到一个新角度，想别人没有想到的，写他人没有写过的，新意就产生了。

"第三，要常做思维体操……"

"思维体操？"有的同学忍不住问。

"就是多动脑筋啊！"郑华替王老师回答。

陈芳已经准备了好几首歌了，但都不是很满意。唱流行歌曲吧，怕评审老师说不符合儿童特点。唱儿童歌曲吧，又怕和其他人"撞车"。眼看考试的日子一天天近了，真是急人。陈芳的妈妈给陈芳出主意——选几首歌曲唱给沈池听听。大家都是小学生，她如果喜欢就多半是适合儿童的歌曲。陈芳听了，连连说好。

陈芳和沈池住在同一幢楼里，来去很方便。

门铃响了许久，才从屋里传来脚步声。门开了，沈池愁眉苦脸地站在那儿。进了屋，陈芳连忙问："沈池，你怎么啦？"

"别提了，我快愁死了。前天，王老师给了我一张市小学生作文比赛的通知。比赛的主题是写一篇反映家乡发生巨大变化的作文。"沈池边说边给陈芳倒了一杯饮料。

"那你准备好了吗？"陈芳问。

"我原来写了一篇草稿，讲的是道路、交通方面的变化。但王老师给我们讲了作文要有新意之后，我就觉得这篇草稿毫无新意。报纸上、广播里、电视里，经常有这方面的介绍。这怎么去比赛？王老师让我明天给他看草稿，可现在我一个字也想不出来啊！真是急死人了。"沈池脸上满是无奈。

陈芳拿起杯子，喝了一口水："我本来想让你给我出出点子，帮我选首歌。现在看来不行了……"

"就是你去考市少儿合唱团的事？"

"嗯……"

两个人皱着眉头坐了一会儿。突然，她们几乎同时叫起来："干脆……"这时，她们都意识到自己打断了对方的话，忙说："你先说，你先说！"

陈芳也不客气，说："你干脆别写了，明天问问王老师嘛！"

"我也是这个意思，明天让王老师帮你选一首歌。"沈池高兴地说，觉得一下子有了出路。

"对！就这么办！"

第二天放学后，两个女孩子走进了王老师的办公室。王老师正抱着一本厚厚的书，看得津津有味。

"王老师，我们有点事儿，想请您帮忙。"沈池说。声音比平时低了许多，大概是怕王老师因为那篇作文草稿说自己吧。

"是指那篇比赛用的作文？"王老师合上书。

"是，又不全是。"沈池说。王老师觉得奇怪。

"我来说。"陈芳的性子急，"您让沈池准备一篇作文。她一心想写出新意，可怎么也写不出来。所以她想问问您。而我呢，因为过几天要去参加市少儿合唱团的招生考试，需要唱一首歌。也想请您帮我选一下。"

"好啊！"王老师喝了一口水，"我们先来解决陈芳的困难。选歌曲有什么要求吗？"

"没有什么要求。"

"那就好办了。"王老师想了想说，"就唱……就唱我教你们的那首李叔同的'长亭外，古道边……'一方面你的嗓音适合唱这首歌，另一方面这首歌的曲子虽然源于外国民歌，但歌词具有中国式的古典美。你的同龄人中能唱它的，估计不会多。这就是出奇制胜啊！"

"好，就唱这首！"陈芳高兴极了。

"该解决我们'社长'的问题了。"王老师笑了笑，"你打算写什么？"

"我原来打算写交通的变化。通过写人们现在出行交通方便来反映道路交通的变化发展。"沈池说。

"这个材料确实不太'新鲜'。"王老师边想边用手指轻轻敲着桌面，"沈池，你写道路的话一定要写路灯啦？"沈池点点头。

"从你家窗口能看到街景吗？"王老师问。

"可以看到，还能看到新建的电视塔呢！"

"你觉得每天晚上，那些路灯、居民楼里的灯光、商店里的灯光像什么？"

"像……像星星。"沈池又答道。

"这样就好了。"王老师突然高兴地抚着手掌，"你先描写一下家乡变化前的夜景。然后写出自己的愿望——希望看到更好看的夜景。这个愿望你可以表达得含蓄一点，优美一点。接着，写变化后的夜景。可以试试用插叙的方法。"

"王老师，您是说用夜景的变化来反映家乡的变化。"沈池明白了。

三天后，沈池寄出了参赛作文。文章这样写：

夙愿

我沉醉在这灯海中，久久不愿离开……

几年前，我还是一个小娃娃。每当晚饭后，妈妈就抱着我爬上矮小的阁楼。那时，我总是趴在小窗口上好奇地向外看，看那一座座平房中射出的黄色的灯光。灯光弱弱的，这一点，那一点。在我看来，它们多像天上眨着眼睛的小星星。每当这时，大人们总是说我傻，灯有什么好看的？我却不这么觉得，总梦想着有一天真会

有许许多多更美的星星从天空中飞下来，在身边出现，一闪一闪的，明明亮亮的，那该多美啊！

日子一天天地过去，我渐渐长大，许多事情都淡忘了，唯独那个梦想还深深地印刻在脑海里。

去年，我的家搬到了金融贸易区内的一幢二十层的高楼里。开始，我对窗外一切新鲜的事物都没有在意。有一天晚上，我做完作业，偶然抬起头，望望窗外，却意外地发现在我的面前是一个多么美丽的世界。

马路上，汽车飞驰而过，一辆接着一辆。最吸引我的是一亮一闪的车灯。黄的、红的、蓝的，像一只只五彩的萤火虫从我眼前掠过。路两边，是一排排整齐的居民楼。吸引我的又是从那些小窗户里透出来的灯光，它们已经换下单调的黄外衣，穿上了红的似霞、白的似雪的纱裙。居民楼后面是一幢幢高楼，一、二、三……十一、十二……我好奇地数着，却数也数不清。我清楚地记得，在一年前，那儿还是一间间矮平房。然而今天，它们却奇迹般地拔地而起。最让我惊讶的还是变化多端的灯光。这些灯光时而成为正方形，时而成为圆形，时而成为三角形，时而成为一条一条的花纹状，时而成为由圆点组成的波浪……再向远处眺望，有一座高塔，那不就是明珠电视塔吗？那一串串长龙般的亮点又使我想起了小时候的梦想。今天，我终于实现了凤愿！我看到了比星星更加明亮、更加美丽、更加灿烂的光芒，比银河更加绚丽、更加缤纷、更加璀璨的世界！

我望着这片灯海，久久地站在那儿，不愿离开……

与此同时，陈芳正在市少年宫的小舞台上唱着那首岁数比她爷爷还大的老歌："长亭外，古道边，芳草碧连天……"所有评审老师都被吸引住了。

一个月后，学校宣传栏里贴出了两张大红喜报。一张是祝贺沈池获得市小学生作文比赛一等奖；另一张是祝贺陈芳被市少儿合唱团录取。

17　妹妹的故事

　　文学社的四个成员的性格、脾气很不相同。沈池做事认真，为人善良，在同学中有很强的号召力；寇佳艺文静用功；陈芳活泼好动，性格直爽，有时像个男孩子；郑华忠厚老实，但有时也会来点小幽默。虽然秉性不同，但他们始终相处得很好。四个人都热爱着文学社，他们从来不违反社里的任何规定，尽管这些规定都是他们自己定的。学校的宣传橱窗里曾专门为他们布置了一次专栏；他们还在学校电视台里亮了相；校报上更是经常刊登他们的作文。这些成绩都是文学社成立之后取得的，所以王老师和同学们都为此而自豪。文学社在班级中已经成为友谊、向上的代名词。虽然"社员"们常常因为评点彼此的习作而争吵，但从来没有人（包括他们自己）认为这会影响他们的友谊。

　　可是昨天却发生了一件意想不到的事。

　　王老师每周定期为全班同学评讲文学社成员们的作品。同学们爱听，作者们也爱让别人对自己的作文"评头论足"。这次,他介绍的是沈池的文章《妹妹的故事》。他刚看了一个开头就被吸引住了。说是文章,其实是一小段话,但这一小段话写得真精彩。

"红的、蓝的。"

"哗啦——轰。"

屋子里闹哄哄的。我不得不停下手中的笔,来到门口。只见蓓蓓正翘着两只小辫子,专心致志地搭着积木。那座彩色的"小城堡"已经搭到了她的胸口。我厉声喝道:"蓓蓓,还不快去练琴。一天到晚就知道玩,等舅舅回来了看你怎么交代!"蓓蓓一愣,手中的积木掉了下来,把"城堡"一下子砸塌了。她低着头,涨红了脸,极不情愿地走到琴架前,胡乱地拉着小提琴。嘈杂的声音从琴弦上迸出来。"蓓蓓,你这是怎么啦?难道一定要舅舅、舅妈看着才行吗?"我捂着耳朵,大叫道。

"呜——我要积木,我要爸爸、妈妈……"她咧开嘴哭了起来。我无可奈何地摇摇头,回外屋做作业去了。

"文章虽然短,但写得非常好!"王老师读完文章对大家说,"文章用声音开头,吸引了读者。人物的外貌、神态描写细致入微,语言描写传神。字数不多,却给人留下了真实、凝练的感觉。"

沈池的文章显然给王老师带来了极大的欣喜。他用了不少平时不常用的好词佳句来评价它，还说沈池能写出这样的文章归功于她对平时生活的细致观察。如果没有观察就不会有真实和生动。细心的王老师发现在文章的上面一行写着一个"一"字。他问沈池，是不是后面还有"二""三"。沈池点点头，说这只是她计划中的第一篇。关于妹妹的故事，她还会继续写下去。王老师一听，立刻高兴地说，他和全班同学都会热切地盼望着第二篇、第三篇……

文学社的同学们对沈池的写作水平一向是佩服的。一边听着老师的介绍，一边由衷地为沈池叫好。但当王老师再三赞扬这篇文章写得真实，认为这是生活中实实在在的事情时，陈芳的脑海中一下子闪出了一个疑问——这是真的吗？

陈芳记得前几天去沈池家玩，在门口就听见从屋里传出了小孩子的哭声。等进了屋，陈芳发现沈池家多了一个小女孩。那小女孩长得白白胖胖，小脸红扑扑的，很可爱。

陈芳问沈池："这谁家的孩子啊？"

沈池回答："她是我的小表妹，是我舅舅的孩子。我舅舅和舅妈这段时间去国外了，所以让我们照看一下。"

这时，那小女孩哭得更厉害了。

"她心思可野了。总想让人带她出去玩。可现在家里谁都没空，于是她就哭个不停。"沈池无可奈何地拍着小妹妹。

这时，下课铃声把陈芳从回忆中拉了回来。可她仍在想着：莫非那个小妹妹就是蓓蓓？不会啊！才一岁多一点的小孩子怎么会拉小提琴呢？难道沈池还有一个妹妹？想到这儿，陈芳决定放学后去沈池家看个究竟。

刚到沈池家门口，陈芳又听到了那个小女孩的哭声。走进屋里，只见沈池正拿着玩具哄她的妹妹呢。

"她又哭了啊？"陈芳问。

"是呀！她现在简直就是个'碰哭精'了。"沈池摆动玩具，笑着说。

"她叫什么名字？"陈芳又问。

"蓓蓓……"

"什么？她就是你文章里的'蓓蓓'！"陈芳的声音一下子响了起来。

沈池有点莫名其妙："是啊……"

"她会拉小提琴吗！"陈芳有点生气，没等沈池把话说完，就反问道，"我们不是说好要写实实在在的事情，不能胡编乱造吗？你还是社长呢！怎么可以乱写，欺骗

老师和同学们呢？"

沈池被陈芳的强烈反应弄蒙了。等回过神来，连忙解释："你听我说，我是想告诉王老师的……"

"但是你并没有说！"陈芳打断了沈池的话。

"那是因为上课时，我没法说。"沈池觉得如果上课时当着大家的面说出真相，会让老师难堪的。因为王老师一贯主张作文要写得真实。

"你怎么说都有理！我不跟你说了！"说完，陈芳头也不回地走了出去。

陈芳真的不和沈池说话了。她觉得自己受了骗。

郑华和寇佳艺也知道了这件事，他们想劝二人和好，但没有成功。

《妹妹的故事》之二写好了。王老师又高兴地为大家介绍着。

我提着书包，走进屋子，悠扬的小提琴声在整个屋子里回荡。我很高兴，蓓蓓终于能自觉练琴了。我轻轻放下书包，蹑手蹑脚地走进厨房，泡了一杯奶粉，拿了个面包。慢慢打开房门，向里一看，顿时惊呆了。地上一片狼藉。小人书、积木、布娃娃到处都是，琴架无力地倒在地上，小提琴横在沙发上。可弓却不知哪里去了,柜子上的录音机里正在放音乐。屋里乱七八糟的,像刚打了"第三次世界大战"似的。蓓蓓正翘着屁股,趴在床上,津津有味地看小人书呢!我再也忍不住了,大叫一声:"蓓蓓!"随手关了录音机。接着,一片寂静,出奇的静。蓓蓓吃惊地瞪着我,她从没见过我这么生气。

"呜——哇——"蓓蓓咧开嘴,双眼紧闭,昂起头,泪水像断了线的珠子似的洒落下来。

"第二篇比第一篇写得更好。虽然是相同的人物,相同的结局,相同的事由,但是丝毫没有给读者雷同的感觉。第一篇重点描写的是人物的神情和语言,第二篇则把人物的动作刻画得极其细腻。而且,第二篇还安排了一个很有新意的情节——妹妹利用录音机来逃避练琴。"

王老师越说越带劲。他对沈池说:"通过你的两篇小练笔,我们已经对你的妹妹有所了解了。看来她是个聪明的小女孩,只是有些懒惰。以后有机会,我一定要见见她。"

陈芳听了这话,心想,真难想象王老师见到那个爱哭的小女孩时会怎么想。

王老师又说:"每位同学都应该像沈池那样做个有心人,去发现更多更好的写作素材……"

听着王老师热情洋溢的表扬,沈池的脸上没有露出甜甜的笑容。她几次想举手,可都忍住了。她觉得耳边的赞扬声正在慢慢变成一个个沉重的包袱,压得自己难受。

一下课,沈池就来到了王老师的办公室:"王老师,我有件事想跟您说。"

"沈池啊!来,坐吧!"王老师指了指身边的空座位,"有什么事啊?"

"我……怎么说呢……"沈池还是第一次体会到有话说不出的滋味。

"我那两篇《妹妹的故事》全是编出来的。"第一句话终于说出口了,后面的话就流利多了,"真正的蓓蓓才一岁多一点,根本不会拉琴。为了这两篇文章,陈芳已经不理我了。她说我没有写真实的事情,欺骗了老师……"沈池的脸涨得通红。这是她背上书包后第一次向老师承认"错误"。

"怪不得这几天我老觉得你们不大对劲。"王老师说,"你去通知他们,放学后,我们活动一次,讨论一下你的作文。"

王老师破天荒地亲自主持了这次文学社的活动。他先请沈池介绍自己的写作意图。

沈池想了想,说:"前段时间,我表妹蓓蓓住到我家。不知为什么,她总喜欢哭。于是我就打算把她写下来。可光写她哭没什么意思,我又想起邻居家有个小女孩不愿意好好练琴的事情,于是把这两个材料合在一起,就编出了《妹妹的故事》。"

王老师对陈芳说:"你说说自己的意见。"

"您常要我们写真实的东西,不要胡编乱造。但沈池身为社长却违反了规定,我觉得不应该。"陈芳板着脸说。

王老师转过脸问郑华:"你说呢?"

"我觉得这两篇文章虽然都是编出来的,但编得很好。"郑华的话中露出了他的忠厚。

王老师微微点了点头说:"该我发表意见了。我始终认为沈池写了两篇好文章,并且希望她写出第三篇!"

"为什么?"陈芳惊讶极了。

"你别急,听我说。"王老师冲陈芳笑笑,"我是讲过,写文章不能胡编乱造。但我们要搞清楚什么是'胡编乱造'。"

"就是编出一些别人根本不会相信的事情。没意思也没意义。"寇佳艺回答道。

"是的。那么沈池编出来的故事你们听后相信吗?"王老师问。

"当然相信啊。只是后来听陈芳……"郑华没有把话说完。

"那你为什么会相信呢？"王老师又问。

郑华抓抓头皮，为难地说："这……这我就说不好了。反正我一听就觉得是真的。"

王老师一边拍着郑华一边说："我也相信。这说明沈池编的故事中，虽然人物是假的，但故事情节在生活中却可以找到。我小时候也学过小提琴，也像蓓蓓那样偷过懒。所以当我看到这两篇文章时，我立刻想到了自己过去练琴的事儿。这就说明沈池成功了。胡编出来的文章是不会引起读者感触的。

"虽然人物是假的，但人物的语言、动作、神态在生活中都可以找到。像'我'给妹妹拿吃的、妹妹玩积木、'我'训斥妹妹等细节，包括人物生活的环境，都是我们熟悉的。人物的特点主要靠语言、动作、神态等方面来体现。当这些方面的内容都是可信的，人物也就变得可信了。

"沈池不是胡编。她有很强的观察能力，所以能找到并积累有意思的写作材料。她思维灵活，把原来没有关联的材料合理地组合在一起，创作出让人产生共鸣的好故事，像个小作家。

"如果你们能真实记录自己的生活，我会很高兴。如果你们愿意体验一下文学创作的乐趣，更进一步，我会更高兴。其实创作是很难的，沈池已经走到你们前面去了。"

不久,《妹妹的故事》有了第三篇。

舅舅、舅妈从日本回来看望妹妹。

今天,妹妹显得很高兴,特地穿上新裙子,还在两条翘起的小辫子上打了蝴蝶结。上午九点半,舅舅他们到了。蓓蓓和舅妈亲热了好一阵子。过了一会儿,舅舅就让蓓蓓拉一支曲子给他们听听。

蓓蓓从墙上取下琴,架好琴架,却发愁了。原来她不知道琴谱放在哪儿了。过去她总是要翻箱倒柜地找个遍才能发现那本破旧不堪的琴谱。可现在,她必须装得文文静静的才行。不然,舅舅一定会发脾气。我看到这情景,急中生智,说:"蓓蓓,昨天你练了琴,好像把谱子放在茶几上了,是吗?""昨天?茶几?"蓓蓓有些摸不着头脑,但她马上反应过来。"哦!对,对。"她连忙跑到茶几边,找到了琴谱。

她拉的是一首很简单的练习曲。可是由于很长时间不练了,最后还是拉得断断续续,很吃力的样子。拉到一半,舅舅实在忍不住了,连声说:"停,停下!停下!"接着就问妹妹:"你是怎么练琴的?我去日本时,这支曲子你已经能连贯地拉了,可现在呢?这半年你在干什么啊?"然后,舅舅扭头问我:"池池,蓓蓓是不是天天练琴?"我支支吾吾地说:"练,就是……不太……

不太……哦，对了，就是不太认真。""不认真练还不如不练！蓓蓓，你这孩子真没出息！"

我怎么也没想到刚回到家的舅舅会发这么大的火。瞧，泪水又从那红扑扑的脸蛋儿上滚落下来。

这次，王老师没有分析。他只是把在文学社活动时说的话又说了一遍，并请同学们写一篇听后感。

陈芳的听后感题目是《瞎编和创作》。一写完，她就到沈池家里，给她看。蓓蓓见表姐不陪自己玩了，又咧开嘴哭了。陈芳和沈池却笑了起来。

18 掉了扣子的衬衫

今天要开一次中队主题队会。为了参加区里的评比,整个活动要拍摄下来。现在大家准备去录像室了。

突然,鲁历叫起来:"赵清遥还没来。他今天没有穿白衬衫,所以回家换衣服去了。"

"他走了多长时间了?"王老师看了看手表。

"……唉,他来了!"正说着,赵清遥气喘吁吁地跑上了楼。

清遥今天起晚了,到了学校才想起开主题班会的事情。这下可把他急坏了。看看同学,不管男生还是女生,都穿了白衬衫,只有自己没穿。进进出出显得特别刺眼。同学们都向他建议,快回家换吧!

于是,赵清遥一阵猛跑回到家。爸爸妈妈都上班去了。找了好久,才翻出件白衬衫。换上后,又是一阵猛跑。虽然已经汗流浃背,但还好,没有耽误拍摄。清遥顾不得擦去脑门儿上的汗,排进了队伍。

队会开始了。

第一个节目是大合唱，大家排着队慢慢站到自己的位置上。马上要正式拍摄了，王老师提醒大家检查一下红领巾是否戴正。赵清遥低头看了看自己的红领巾。发现衬衫上的第一个扣子没扣好。他伸手想扣扣子。咦！扣子呢？怎么衬衫上少了一个扣子啊？而且是最重要的那个。

王老师也发现清遥的扣子没有扣好，说："赵清遥，把纽扣扣好，里面的汗衫都露出来了。"同学们一听，纷纷转过头来看。清遥紧张极了，不知所措地摸着那个本该有扣子的地方。

"怎么啦？"王老师看见清遥一脸不自在。

"我……我的扣子不见了……"赵清遥喃喃地说。

同学们忍不住笑起来。王老师急忙跑到清遥身边，看了看："扣子呢？"

"不知道。可能是在来学校的路上掉了。"清遥说。

这件衬衫已经很长时间不穿了，扣子都有些松动了。

"这怎么办？"王老师自言自语。突然，他看见郑华手臂上的大队长标志，忙说："郑华，把你标志上的别针拿下来。"郑华取下别针，递了过去。王老师用别针把清遥的衬衫领子别起来。再把红领巾理一理，正好遮住了别针。

放学回到家,赵清遥就把这件事写进了日记。

今天是我的倒霉日。

大清早闹钟出了故障,害得我起晚了。当我急急忙忙赶到学校又发现自己忘记穿白衬衫了。今天要开主题班会,全班就我一个人没穿规定的白衬衫。鲁历说,到别的班级去借,可是我在其他班级里没有熟悉的同学。郑华说你还是赶快回家去换吧!不少同学都这样说,我想也只好这样了。

谁知换好了衬衫满头大汗地赶到学校,在拍摄前,我竟发现衬衫上掉了一个扣子。怎么办呢?同学们都冲着我笑,我尴尬极了。幸亏王老师及时想了一个主意。他让郑华把大队长标志上的别针取下来,把我的衬衫领子别住了。这才渡过了难关。

第二天中午,赵清遥去办公室交作业。王老师叫住了他:"清遥,等会儿走。我正批你的日记呢,过来看看。"清遥走到王老师桌边,见桌上正放着自己的日记本。

"今天,你又掉扣子了。"王老师没头没脑地说了一句。

清遥没有听懂。他低下头仔细检查了衣服上的扣子,发现一个也没有少。"没有啊?"清遥奇怪地看看王老师。

"哈哈哈……"王老师笑了,"我不是说你衣服上的

扣子,而是说文章的扣子。"

赵清遥一下子想起王老师说过的一个比喻:如果说文章是件衣服,那么标点就是上面的扣子。他说,标点是文章的重要组成部分。有了它们,就能使句子的结构、语气、停顿表现得更加清楚。同样一句话,如果用不同的标点,意思完全不一样。王老师当时在黑板上写了四句话:

你同意,他不同意。
你同意,他不同意?
你同意他不同意?
你同意他不?同意。

"赵清遥,你在想什么?"王老师见他出神地站在那里,就叫了他一声。

"没什么……"

王老师把清遥的日记本放到他面前。

"这第一句话表达了你的感受,最好用感叹号,说明它很强烈。'大清早'之后要加逗号,因为这三个字交代了时间,和后面的句子意思不同,要间隔开来。同样,'赶到学校'之后也应该加逗号。"王老师边说边用红笔在本上改动。

"人物语言的写法分为直接引用和间接引用。前者要用双引号,后者可以不用。这以前学过。鲁历的那句话里没有什么人称,所以随便用哪种写法都可以。但郑华的那句话按照朗读时的语气,最好用直接引用的写法。

"现在你再读最后一节,自己改改。"王老师递过一支铅笔。

清遥读了读,边改边说:"'谁知'后面要加逗号,表示语气停顿一下……"

"还有一个地方。"王老师说,"日记最后的'难关'二字因为不代表本义,所以得加上双引号。"

清遥一听,急忙改过来。

王老师拿起本子看了看:"要把标点写对,先得弄清它们的作用和书写格式。然后你要养成边写边默读的习惯。念的时候,会自然而然地带着各种语气。这时使用标点,就不大会错了。最后,还要细心地检查一下。在《新华字典》后面,有各种标点的用法,你自己回家看看。"

19　看图作文

王老师为了让大家喜欢写作文，常常把要求同学们写的内容当作小品来演一遍。有的一个人演哑剧，有的和同学们一起演。他扮演的角色可多啦！有爸爸、妈妈，有老人，还有小孩。演什么像什么。每当这时，教室里就沸腾起来，欢笑声此起彼伏。偶然路过教室门口的老师或者学生，也常常被吸引，站在外面看一会儿。同学们觉得，看完小品再写作文总能写得很顺手。

今天，王老师又演小品了。和以前稍有区别的是，表演之前，他在黑板上挂了一幅画。

画上画着一个小女孩拿着雨伞站在一家药店的窗口。窗口旁边，挂着一块牌子，上面写着"为民药店　日夜服务"八个字。窗口里亮着灯，一位营业员叔叔正把一瓶药递给小女孩。

看了图，不少同学已经明白其中的意思了，纷纷举手要求发言。而王老师却摇摇手说："我知道，大家已经看懂了这张图。但如果只把这张图上的内容写下来，那还不能算是完整的一篇习作。我们今天要讨论的是如何把这张图写完整。"同学们听老师这么一说,都把手放下了。

王老师讲解着:"看了图,写一篇作文就是看图作文。它有两种形式。一种是看单幅图写作文,除了写出图意,还要想象开头和结尾,补充段落,丰富图意。另一种是看多幅图写作文,就是把几幅图的内容连起来,写成结构完整的文章。我们先学习看单幅图写作文。"王老师指了指黑板上的图。

"鲁历,请你把图上的内容介绍一下。"

鲁历刚才就把手举得老高了。他说:"图上画了一个小女孩夜里冒雨去药店买药的事。"

"这就是看单幅图写作文的第一步:读懂图意。"说完,王老师便把"读懂图意"写在黑板上。

"看了这张图,能提出什么疑问吗?"王老师又问。

郑华说:"这个小女孩为什么要买药?"

赵清遥说:"小女孩怎么会到这家药店买药?"

陈芳见答案快被说完了,连忙举手:"小女孩是怎么买药的?"

林丽也站起来说:"小女孩买完药后怎么样?"

"大家说得很好。如果把大家提出的这些问题一一回答出来,那么一件完整的事情就出现了。"说着,王老师又在黑板上写了"把故事补充完整"几个字。

"今天的这件事情由我来补充完整。不过,我不能直接说给大家听。我要请一个同学上台,和我一起表演给大家看。然后,请同学们把完整的故事写出来。"王老师说。

一听要表演,大家的情绪一下子高涨起来。不少同学举起手,大声说:"我来,我来……"

王老师看了看同学们,说:"请鲁历上来。"鲁历挺有表演天赋,在台上一点儿都不紧张。他已经和王老师配合过很多次了,经验很丰富,"演出"效果也很好。

这次,王老师扮演小女孩,鲁历扮演营业员叔叔。只见王老师先是在一边大声喊着:"妈妈、妈妈,你怎么啦?"然后又用微弱的声音说:"妈妈不舒服。药在抽屉里。"话音刚落,王老师又成了小姑娘,翻箱倒柜地找了很久,最后说:"妈妈,药都吃光了。我去给你买。"于是,"小女孩"撑起雨伞,边走边自言自语:"时间太晚了,药店都关门了。""小女孩"东张西望地找药店。突然,"她"的眼睛一亮,欣喜地说:"为民药店,日夜服务。""小女孩"走上几步,伸着头说:"叔叔、叔叔,我买药。""叔叔"赶紧走过来,询问买什么药。可"小女孩"支支吾吾说不清楚。"叔叔"一拍脑袋,灵机一动,说:"你妈妈哪里不舒服?""她头晕,发烧……""叔叔"听完,立刻转身取了一瓶药,交给"小女孩",并把服用的次数、剂量说了一遍。"小女孩"连声道谢。

表演结束,教室里立刻响起了热烈的掌声。

见大家鼓掌,王老师笑着摆了摆手,说:"看了表演,请大家告诉我,你从这件事中感受到什么?"

林丽举手说:"小女孩很有孝心。"

刘立贤说:"我感到日夜药房作用很大。"

王老师让两位同学坐下,说:"文章有了中心,写起来才能有的放矢。这就是第三个要求——确定中心。刚才两位同学说的就是文章中心,至于哪个对,要看习作要求怎么定的。如果没有要求,那就写自己想到的。中心不同,写出来的内容也应该有区别。

"第四个要求是进行合理的想象。不管是单幅图还是多幅图,都是静止不动的画面。要把图上的内容表达好,就必须开动脑筋,进行合理的想象。思考图上的人物会做什么,会说什么,会想什么。对于补充出来的内容也应该这么去想。这样,文章才能写活,让人觉得真实可信。在刚才的小品表演中,我和鲁历说的话、做的动作就是根据图意想象出来的。有了这些内容,事情表达清楚了,中心也体现出来了。想象一定要围绕图意和中心进行。与文章中心关系不大的内容,不要写。"

听王老师说完看单幅图作文的要求,陈芳忍不住问:"王老师,看多幅图作文的要求是不是和这四条差不多啊?"

"是的。"王老师点点头,"看多幅图作文要比看单幅图作文方便一些。因为多幅图往往就是一个完整的故事。当你看完图,就能知道大概的故事情节和文章的中心了。有了这两条,再加上合理的想象,就可以把文章写完整了。

　　"但是,看多幅图作文也有两点要注意,一是写之前必须根据文章的中心确定哪幅图是重点。如果是重点部分就应该详写。非重点部分自然要略写了。绝不能不加选择地把自己看到的图上的内容一股脑地全写出来。

　　"二是要注意图与图之间的过渡衔接。表示时间、地点的词,完整的过渡句,都可以用。有了它们,文章就不会支离破碎了。"

　　王老师讲完了要求,同学们也明白了,正要动笔写,只见王老师像变魔术似的又挂出两幅画,这次是漫画。

　　王老师介绍起来:"中国现代有一位非常有名的作家、漫画家叫丰子恺。丰先生一生中画了很多漫画,在中国画坛上占据了很重要的地位。他的画作题材很丰富,请大家看左边这幅画。"

　　同学们的眼光都看向了左边。

　　"丰先生经常把古诗词画成漫画,意境非常美。这一幅,他画的是南宋词人蒋捷的一首词中的一句,叫'红了樱桃,绿了芭蕉'。它前面还有一句,叫'流光容易把人抛'。讲的是时间飞逝,一下子把人抛在后面了。一晃一年过去了,樱桃成熟了,红了,院子里的芭蕉树,叶子又变绿了,长得很繁茂。大家看,画面上有一盘樱桃,几片芭蕉叶子伸到窗口。更有趣的是,樱桃旁边还有一根香烟,香烟点燃了,慢慢在冒烟,可是这个烟是笔直的,猜猜这个说明什么。"

陈芳抢着说:"没有风。"

"对啊,聪明,没有风。一点风都没有,非常安静,感觉时间就在这种安静的气氛下悄悄地流走,悄悄地流走。"

同学们边听边看,完全被吸引住了。

"请大家再看右边这幅图,你能根据图意编出一个小故事吗?"

右边的图上写着几个字——"已死的母熊"。同学们小声议论着。过了一会儿,赵清遥举手回答:"一天,一位猎人到深山里打猎。他看到一只母熊,于是,他就瞄准它,正好打中了它的要害,熊死了。可是他很疑惑,这只母熊为什么还坐着呢?他走过去一看,见它还抱着一块石头,石头下面还有三只正在嬉戏的小熊。猎人明白了,原来母熊为了保护自己的小熊,死了还是把石头抱着,不让小熊被石头砸死。"

"说得真好。"王老师笑着表扬道,"你把我刚才讲的方法都学会了。"

20　盖一幢漂亮的房子

　　王老师爱书如命，不但爱看书，而且爱买书、藏书。每个星期，他都会抽时间去逛逛书店，这已经成了习惯。有时，他也会带着一些学生一起去。一路上，他和孩子们谈天说地。孩子们从老师这里得到了许多书本上没有的知识，老师则从孩子们的童真中获得无穷乐趣。

　　这天又是师生逛书店的日子。买好了书，王老师和孩子们走在繁华的大街上。一些商家把柜台放到商店门口，营业员们不停地用充满诱惑的语言推销商品，引得行人这儿一团、那儿一堆地围观。太阳高高地挂在空中，但光芒并不强烈。时不时地还吹来一阵风，真让人浑身惬意。

　　走着走着，王老师突然停下了脚步，说："我来考考你们。"

　　王老师的话打断了同学们的闲聊，他们忙问："是什么题目？"

　　"很简单！看看前面。"王老师用手一指。

　　顺着老师指的方向，同学们看到了前面不远处有一个十字路口。路口东面有一幢大楼,西面也有一幢大楼。大楼门口人来人往,十分热闹。

"就是两座大型商厦嘛!"郑华说。

"请听清题目,"听老师这么一说,同学们赶紧围到老师的身边,"这两幢商厦的大门哪个高?"

"这还不容易,东边那幢高。"郑华抢着说。

女孩子们细心些,仔细看了看前方,沈池说:"是东边的高。"

"你们的意见呢?"王老师扭头问陈芳和寇佳艺。

"我们也觉得是东边的那幢高些。"陈芳说。

王老师摇了摇头,脸上露出遗憾的神情。

"王老师,您说是哪幢高啊?"郑华问。

"一样高!"

"什么?"同学们异口同声地叫起来,"不会吧……"

王老师笑着说:"这两扇正门的高度都是两米半。"

"您量过啊?"陈芳更奇怪了。

"说来也巧,那时这两家商厦还没开张。有一天,我路过这儿,正好有几个工作人员在装大门玻璃。无意间听到了他们的议论,说这两幢大楼的正门都是两米半高。"王老师揭开了谜底。

郑华抓了抓头皮:"原来是这样啊!可看上去为什么会不一样呢?"

"这就是建筑师的高明之处了。"王老师说,"你们看,东边这幢大楼,它建造在高高的台基上。在大楼前有一块很开阔的空地。空地上别致地造了一堵环形墙,墙上开了十二个椭圆形的门洞。这门洞的高度远远大于正门的高度,让人一见,就觉得雄伟,有气派。

"而西边的这幢大楼,它是直接建在地面上的。大门前什么也没有,直接冲着马路开着。这样,给人带来的视觉效果就不高大。加上两幢大楼靠得近,视觉上的反差很大,所以你们就认为东边那幢楼的大门高了。"

这时,师生们已经走到东边那幢商厦的门口。抬头看看,再看看对面,大门的高度确实差不多。

沈池不禁说:"想不到,不同的设计竟让两扇相同高度的门有了不一样的感觉。"

"是啊。"王老师看着那堵环形墙,有些出神,"我常想,写文章其实和造房子是一样的。相同的材料,不同的造法,效果就不一样。当你运用自己的聪明才智,写出一篇结构新颖的好文章时,那种愉快的心情真是无法言传。"王老师平时喜欢写文章,作品常在报刊上发表。

"什么叫文章的结构?"陈芳问。

王老师说:"简单地说,就是文章的开头写什么,中间写什么,结尾写什么。你们想了解的话,以后我来详细介绍。"

几天过去了。放学后，王老师把陈芳、沈池、寇佳艺、郑华叫到办公室，发给每人一篇相同的作文。写的是，一个小朋友因为出鼻血而接受治疗的事。

王老师让大家先把文章看一遍，然后说："这篇作文写得很细致。在出鼻血时，作者写道：'……突然觉得鼻子里有些痒痒的，就用手轻轻一按。谁知刚一松手，嘴边就感到热乎乎的。我用手摸了摸，手上竟沾满了鲜血……'这里，动作描写细致入微。作者还写道：'本来，我觉得假期里的时间过得飞快。谁知这三天竟变得如此漫长。'这里，作者通过真实的心理描写，反映了治疗中的痛苦。类似的例子，文章中还有。这些都是本文的优点。

"不过，本文也有缺点——文章的结构很普通。开头概述，结尾总结，中间记事。我不是说这样写不行。只是有这样好的材料，没有盖出一幢漂漂亮亮、引人注目的'房子'，太可惜了。所以，我要请你们来'盖'。"

沈池已经明白老师的意思了，说："您是要我们把作文改写一下。"

王老师摆摆手："不用重写。只要列出一个详细的提纲就行。"

"详细的提纲？"郑华不大明白。

"你们坐下吧。"四个人坐在了沙发上，王老师说，

"重盖这幢'房子',也就是调整这篇文章的结构。以前讲过,文章结构是指文章开头、中间、结尾各写了什么。它一般是由文章的中心来决定的。哪种结构(即什么内容在前,什么内容在后)最适于表现文章的中心,就选择哪种。不要盲目追求新奇,偏离中心,弄巧成拙。"

"那文章的结构有许多种了?"郑华问。

"是的。有几种写作顺序,就会产生几种文章结构。"王老师这么一说,大家立刻明白了。原来,听上去挺高深的"结构"和自己熟悉的写作顺序是一样的。

王老师接着说:"同一个材料,被不同的人写,结果是不一样的。比如你想通过出鼻血这件事告诉人家出鼻血是可怕的,那就要把当时情况的描写放在显著的位置上。如果他想通过出鼻血这件事告诉别人出血后的治疗过程是痛苦的,那就得把治疗过程的描写放在显著的位置上。这就是文章中心与结构的关系。

"这篇作文是记事的,现在按事情发展的先后顺序来写。你们在修改时可以从我们学过的另几种写作顺序上多考虑。

"详细的提纲是指把要写的内容都用句子表达出来,不要只用几个词语。"

又过了几天,同学们的作业交来了。

郑华先说明自己的修改方案,他是用倒叙的手法写的。提纲如下:

一、当医生轻轻地从我鼻子中取出纱布时,我终于轻松了。不过,这三天的痛苦却是无法忘掉的。
二、一天清早,我突然出鼻血。爸爸妈妈送我去医院。
三、我痛苦地度过了三天治疗期。

沈池的提纲是这样的:

一、妈妈带着我向医院走去,三天前的一幕又浮现在我眼前。
二、一天清晨,我突然出鼻血。爸爸妈妈急忙把我送进医院看急诊。
三、我度过了漫长而痛苦的三天治疗期。
四、来到医院,医生为我取出纱布。我高兴极了。

寇佳艺主要对文章的开头做了修改。

一、"妈妈,我出鼻血啦!"我摸摸鼻子,发现手上沾满了鲜血,吓得大叫起来。……
二、爸爸妈妈急匆匆地把我送进医院。

三、我度过了三天治疗期。
四、这次出鼻血，让我真正体会到了什么是痛苦。

陈芳也是用插叙的方法写的，但又和沈池的有所不同。

一、妈妈一边安慰我，一边催促爸爸把车开得再快一点。
二、刚才出鼻血的一幕又闪现在我眼前。
三、终于，医院到了。医生们给我做了治疗。
四、我度过了三天的治疗期。
五、当医生为我取出纱布时，我觉得一下子轻松了许多。

王老师看完作业，满意地说："虽然你们没有把文章改写出来，但是看了这些提纲，我相信你们一定能写好。

"你们用了倒叙、插叙的手法。这使文章结构发生变化，增加了阅读的趣味。寇佳艺虽然只改动了开头，但这个变化让文章更吸引人了。现在，你们能体会文章结构设计的重要了吧。"同学们都答应说是。

突然，陈芳问："老师，您说这几种设计哪一种最好？"

王老师笑了笑："照我看，都很好。因为各人的结构设计是为各自想表达的思想内容服务的。这是不能相比的。像出鼻血这类紧急的事情,用倒叙或者插叙的方法比较好。就是要按事情发展的先后顺序来写,也最好直接切入事情,进行描写。从这一点上说,你们都改得很好。'房子'造得很漂亮。"

沈池抱着作业本走进办公室,只见王老师正专心致志地看着电脑屏幕,一边看一边轻声读着。读着读着,脸上还露出微笑。沈池把本子放在王老师面前,好奇地探头看了看屏幕。王老师这才发现了沈池,连忙说:"谢谢你。有同学没交作业吗?"

"没有。"沈池回答。

"我的一个朋友写了篇好文章,我正在看呢。明天给你们推荐。"王老师说着,眼睛仍然盯在屏幕上。

第二天语文课上,每位同学都拿到了一篇文章。大家安静地看起来。

想起家乡的红姑娘

一谈起东北,人们总会想起那里的人参、鹿茸、貂皮……的确,东北的宝贝很多,可在我心里,记忆最深的却是红姑娘。

红姑娘原是一种野生的水果。春天,只要你在小院

里种上一棵,它便迅速地长成一片。

夏天,还没有成熟的红姑娘一片片绿油油的,就像正在发育的少女一样,嫩嫩的,柔柔的,站在那里,我们叫她绿姑娘。当有风吹来时,她抖动腰身向你招手,献出自己的小荷包(未成熟的果实)送给你。

于是伙伴们便上去轻轻地摘几个,剥掉"包装",荷包的真面目露了出来。然后找来小棍子,小心地在圆圆的荷包上找到一个小口,把里面的籽儿抠出来。这样,"小荷包"只剩下一层透明的外衣。我们把她含在嘴里,把她的荷包嘴朝外,轻轻吸一口气,荷包便又鼓起了身子。我们用舌头温柔地把她挪到两排牙齿之间,咬一下,绿姑娘就亮出美妙的歌喉"唱"起来。我的本领很大,有时"咬"得短促,她便发出清脆的声音,好像在练嗓;有时慢慢"轻咬",她便娇滴滴地轻唱,好像在告诉你,伙伴,陪你的时候真开心。就这样,绿姑娘陪我们走过炎热而快活的夏日。

叫她红姑娘,是因为到了秋天红姑娘彻底红了,到了成熟出嫁的年龄。这时,你再往园子一看,原来的一片绿色成了一片火红,诱得你不得不盯着她们,恨不得马上把她们抢到手。但你得忍着,必须要几次秋霜下过之后,那时她们就会醉得你睁不开眼睛。

红姑娘嫁到我的小屋子里后,我便把她成串成串地穿起来，挂在自家的屋檐下，让她和我们度过冬天。小时候，没有吃过香蕉等水果的我，把她当作最好的水果。平时，我舍不得吃，每天看着她们，还查着她们的个数，生怕弟弟妹妹偷吃。不过，如果嗓子疼，感冒了，就可以吃上几个。轻轻咬上一口，那种甜中略酸的滋味很好。尤其是这样味道的汁水和像石榴一样排列在里面的"白籽儿"一起在嘴中咀嚼的口感，让我回味无穷，不忍下咽。红姑娘外面披着一个红盖头，害羞地把自己红红的脸蛋儿藏在里面。这样，在三个多月的冬季里她们的脸蛋儿始终都是红扑扑的。

还有一种叫"洋姑娘"——这是俄罗斯的品种（我们家乡人把俄罗斯人叫"老毛子"），是俄罗斯当年侵占东北留下的。和洋姑娘一起留下的，还有"毛子葱""毛嗑"（一种黑色的瓜子），等等。洋姑娘最终变成的是淡黄色的样子，比起红姑娘自然逊色很多。我很不喜欢。

红姑娘，已经化成了我红红的血液，支撑着我红红的生命历程。离开家乡已经整整二十年了，除了留恋红姑娘给我带来童年乐趣，感谢红姑娘对我的滋养，我的眼前还时常浮现出这样的一幕：

一串串红姑娘在白雪覆盖的房顶的映衬下，在微风的吹拂中，尽情舒展自己，显得妩媚动人，给满眼白色

的村庄平添了勃勃的生机。

红姑娘，就像我的红头绳，系住了我童年的纯洁与美丽。

等同学们都看完了，王老师说："我是南方人，从来没有见过'红姑娘'。读了这篇文章觉得非常有意思。我们一起交流交流，哪些内容是你们喜欢的？"

同学们纷纷举起了手。

"我觉得这种水果很有趣，怎么还可以做成玩具啊？真想亲眼看一看。"鲁历第一个说。

郑华说："这种水果的名字很特别，有的叫'红姑娘'，有的叫'绿姑娘'，还有的叫'洋姑娘'。作者对'姑娘'了解得真多。"

"是的，要介绍好一种水果，除了你有亲身感受，还可以通过书籍、网络先好好了解一下相关的知识。这样才有话可写，读者看了收获才大。"王老师笑着补充。

赵清遥说："我看出来作者是按照时间顺序介绍'红姑娘'的。"王老师点点头，"嗯"了一声。

沈池说："平时我们写一种水果常常会先写外形，再写果肉，最后写味道，这篇文章不是这么写的。"

"是的,这是成年人的作品,在写法上更灵活。真正的好文章可以通过内容、结构传递出各种各样的信息。让不同的读者读出不一样的感受。现在你们还小,一篇文章说清一个问题,有一个中心就可以了。多了,恐怕还驾驭不了。你们现在用的方法不是不好,这是用来打基础的。等你们看的书多了,长大了,会自然而然地想出更好的写法,盖出更漂亮的'房子'。"王老师说。

陈芳站起来说:"我最喜欢文章的结尾。"

"为什么?"王老师笑着问。

"因为结尾写得很有情感,写出了'红姑娘'是作者童年的象征。"

王老师情不自禁地拍手说:"我也很喜欢结尾部分。这篇文章特别打动我的是,看上去是在写一种水果,实际上,几乎每个小节里都寄托着作者的情感。"

赵旭是这个学期从北京转学来的新生,大家都不知道,她的老家就在东北。她见过"姑娘",也尝过"姑

娘"。听了同学们的发言,她情不自禁地想起了故乡。她也想参与讨论,可是她很腼腆,犹豫了一会儿,还是没举手。

一天之后,还是语文课上,同学们又拿到了一篇和"姑娘"有关的文章,是赵旭写的。王老师激动地为全班同学大声朗读——

我爱故乡的"姑娘"

什么?"姑娘"?看完这个标题,你也许会惊奇地大叫起来。其实,"姑娘"是我故乡特有的一种水果。

"姑娘"分为红姑娘和黄姑娘两类,我比较偏爱黄姑娘。吃"姑娘"时,要先把"姑娘"外面那一层软软的、已经干枯了的壳剥掉,接着只需用手擦一擦,就可以吃了。黄姑娘一般都很甜,放入嘴里,从嘴里一直甜到心里,感觉比吃巧克力还棒。红姑娘则需在阳台上挂着,待到冬天再取下来吃,这样才能品出它的甜。可惜我总是等不及,刚到秋天就把它全吃光了,再也无法吃到它的甜了。

故乡的"姑娘"不但好吃,还很好玩。你只需在一个小"姑娘"上用针扎一个小孔,然后再用嘴把里面的东西从小孔里一点一点地吹出来,剩下的"姑娘"外皮就可以当玩具玩了。据妈妈说,她们女孩子以前都很爱这样玩的。

　　故乡的"姑娘",尽管不如外国水果名贵,但在我心中,它永远都是最好的。

后　记

　　小读者，谢谢你读完了这本书。放下书，自己去玩吧。下面的话你现在可以不看。如果这本小书三十年后仍然站在你的书架上，那时再看，或许会有些感触。

　　这本书的初稿完成于一九九八年暑假。那时每天上午八点开始动笔，一直写到晚上九点。一个字一个字地写在五百格的文稿纸上。一个半月，写了十三万字。写着写着，眼前就会浮现出故事中的情景。因为书中人物的原型就是我和我的学生们，文学社也确实存在过。那些孩子是真的喜欢写，在他们的带动下，班级里还出现了由另几个孩子自发组织的"地下文学社"。

　　十五年一晃就过去了，我仍旧每周上一次作文课。时代前进，学生在变，我的作文教学观也在变。于是我把这本书修订了一遍。修订时，我的眼前依然浮现出当年和那些孩子相处的情形。他们已经三十出头了。十天前，"郑华"打电话给我，说刚从西班牙回国，要来看我。上次见到他，还在念博士后，现在已经成了大学老师。文学社的孩子们的"硬面抄"以及他们的练笔本，我都保存着。偶尔拿出来翻翻，回想起那段还算用功的岁月，感慨系之。修订中，我保留了一些已经"不合时宜"的观点和做法。一来，从我个人实践看，那些观点是对的，那些做法还有效果。二来，它们是我青春的印记。

"致青春"这个词最近挺热门。向自己的青春致敬，在我看来，是一句口气很大的话，我不敢说。我只能讲一讲自己青春时代的故事，以及想通过故事让孩子们不再讨厌作文的心意，并借此想念那些曾驻足于我的青春年华的人。

朱煜
二〇一三年八月六日